SV

Martin Reichert

DIE KAPSEL

Aids in der Bundesrepublik

Suhrkamp

Bibliographische Information der Deutschen Nationalbibliothek
Die Deutsche Nationalbibliothek verzeichnet diese Publikation in der Deutschen Nationalbibliographie; detaillierte bibliographische Daten im Internet unter http://dnb.d-nb.de abrufbar.

Erste Auflage 2018

Satz: Greiner & Reichel, Köln
Druck: CPI – Ebner & Spiegel, Ulm
ISBN 978-3-518-42771-2

Inhalt

Für jüngere Schwule um die zwanzig ist Aids ungefähr so weit weg wie der Zweite Weltkrieg, so weit, dass sie die Infektion zum Teil gar nicht mehr ernst nehmen. Doch für mindestens eine Generation von schwulen Männern waren die achtziger und frühen neunziger Jahre eine Zeit, die schwere Traumatisierungen hinterlassen hat. Ihre Erlebnisse haben die meisten von ihnen jedoch fest in einer Kapsel verschlossen, die sie mit sich herumtragen, samt all den Erinnerungen an jene dunkle Zeit. Aids ist auf der einen Seite also längst Geschichte, und doch leben noch immer rund 80 000 Infizierte in Deutschland, ein großer Teil schweigend. Im Rahmen dieses Buches soll versucht werden, mit einigen von ihnen ins Gespräch zu kommen – und mit Menschen, die selbst nicht infiziert sind, aber bereit waren zu erzählen, woran sie sich erinnern. Dass die meisten Positiven, die in diesem Buch zu Wort kommen, ihren Namen nicht nennen möchten, spricht für sich.

Es war eine bewusste Entscheidung, die Geschichte von Aids in Deutschland anhand der Erfahrungen und biografischen Erlebnisse schwuler Männer zu erzählen, waren und sind sie doch die Hauptbetroffenen. Aids wurde zu einem Teil ihrer Geschichte, ist wie der Paragraf 175 gleichsam eingeschrieben in ihre DNA. Um mich dem Thema anzunähern, habe ich mit Betroffenen, Angehörigen, Aktivisten, Wissenschaftlern und Politikern gesprochen, Menschen, die mit HIV/Aids zu tun hatten und haben und so freundlich waren, sich zu öffnen. So war ich willkommen bei der Akademie Waldschlösschen in Göttingen und bei den »Positiven Begegnungen« in Hamburg.

Nicht immer war es möglich, die Kapsel zu öffnen. Manches Mal aber doch. Auffällig erscheint mir bei einem Großteil der Zeit-

zeugen eine gewisse Abwehr von Mitleid und Empathie gegenüber dem, was sie erlitten haben. Zu monströs erscheint den meisten, was ihren einstigen Weggefährten widerfahren ist, als dass man selbst Anspruch hätte auf Anteilnahme. »Welches Leid, ich lebe doch noch?«, so könnte man die Reaktionen zusammenfassen. Die Beschädigungen aber, die Ängste und Verluste, der Schmerz und die Trauer, die diese Männer erleben mussten, all das verdient Respekt. Einige waren gezwungen, über sich hinauszuwachsen. Andere haben sich zurückgezogen. Erst neulich sagte ein schwuler Aktivist – er war um die fünfzig – bei einer politischen Abendveranstaltung sinngemäß: »Unsere Toten sollten uns ermutigen, weiter für unsere Rechte zu kämpfen angesichts der wachsenden Bedrohungen durch den Rechtspopulismus.« Der Satz stand etwas sperrig im Raum, als ob die meisten im Saal nichts mit ihm anfangen konnten. Aber hatte er nicht recht?

Nach meinem eigenen Coming-out im Jahr 1996 hatte ich immer das Gefühl, mich in ein gemachtes Bett zu legen – die Schwulenbewegung hatte ihren Kampf gekämpft und eine beeindruckende Infrastruktur aufgebaut. Es war das Jahr von Vancouver, in dem das Sterben aufhörte. Kurz darauf hatte ich Amsterdam besucht, in den achtziger Jahren die schwule Hauptstadt in Europa. Die legendären Szeneläden waren noch da, und doch war es, als hätte eine Neutronenbombe eingeschlagen. Nur vereinzelte »Ledermänner« saßen in den Bars, es herrschte eine eher melancholische Stimmung. Wo waren all die Leute? Was war passiert?

Dann war da ein schwules Straßenfest im Westen Berlins, es waren noch immer die Neunziger. Baccara sangen »Yes Sir, I can Boogie«, ihren Hit aus dem Jahr 1977, und im fahlen Licht des Spätnachmittags sah man viele schwule Männer in ihren Vierzigern und Fünfzigern mit Fettverteilungsstörungen, Nebenwirkungen der HIV-Medikamente. Viele von ihnen trugen Lederkleidung und Piercings, Tätowierungen und Fetischaccessoires. Als junger Mann in meinen Zwanzigern begriff ich zwar, dass HIV und Aids zum Schwulsein irgendwie dazugehörten, gleichzeitig wollte ich auf Distanz bleiben und war erleichtert, zu der Generation zu gehören, die nicht mehr von dem großen Sterben betroffen war; was da eigentlich geschehen war, hatte ich nicht verstanden. Die Älteren erzählten in der Regel nichts, und ich habe auch nicht nachgefragt. Als würde es sich um ein dunkles Familiengeheimnis handeln, über das man ungern spricht …

Der »Schreck von drüben«

Am Anfang war Aids nichts als ein »Schreck von drüben«, wie der *Spiegel* im Mai des Jahres 1982 schrieb.[1] In New York, Los Angeles und San Francisco litten plötzlich junge Männer zwischen fünfundzwanzig und dreißig Jahren unter sogenannten Kaposi-Sarkomen, einer seltenen Krebsart, die bislang nur bei wesentlich älteren Patienten vorgekommen war und nun in einer besonders aggressiven, auf die inneren Organe übergreifenden Variante grassierte. Blaurote Knoten, die sich auf der Haut abzeichneten, begleitet von schweren Infektionskrankheiten, Lungenentzündungen, Pilzbefall.

Es war bereits das Jet-Zeitalter, nicht wenige schwule Männer aus der westdeutschen Mittelschicht konnten es sich ab Mitte der siebziger Jahre leisten, in die Vereinigten Staaten zu fliegen, um sich in der New Yorker Leder- und Fetischbar Mineshaft auszutoben, sich die Sonne auf Fire Island auf den Bauch brennen zu lassen oder sich für ein paar Tage in den Bars, Saunen und Darkrooms in San Franciscos Castro-Viertel zu verlieren. Hier gab es die muskulösen Männer aus den Pornofilmen und Bildbänden tatsächlich, und auch ein breites Angebot an Drogen – von Cannabis über Kokain bis Meskalin. New York und San Francisco, das waren die schwulen Welthauptstädte, und den Soundtrack zu dieser früh globalisierten Szenerie lieferten unter anderem die Village People mit »YMCA«, »In the Navy« oder »Macho Man«. Auch bei den großen Unterhaltungsshows im deutschen Fernsehen war die Formation gern gesehen, der homosexuelle Kontext der Songs wurde jedoch stets verschwiegen.

In den besser unterrichteten Kreisen der deutschen Großstädte hatte man zum Zeitpunkt der *Spiegel*-Veröffentlichung schon von den Problemen aus den USA gehört.[2] Wer hoffte, die Angelegenheit werde insgesamt eine amerikanische bleiben, sah sich allerdings enttäuscht. Der *Spiegel* berichtete bereits von Kaposi-Fällen in Barcelona und Kopenhagen. »Die nächsten Erkrankungen erwarten Experten in den Ballungsräumen der Homosexualität: Athen, Rom, London und Berlin.« Wenig später wurden tatsächlich die ersten deutschen Fälle bekannt, in Frankfurt am Main und München.

Die ersten Fälle – von was eigentlich? Zu Beginn wusste niemand, um was für eine Krankheit es sich handelt. Da ausschließlich Homosexuelle betroffen schienen, sprachen amerikanische Wissenschaftler zunächst von einer »Gay Related Immune Deficiency« (GRID). Bevor es irgendwelche verlässlichen Informationen gab, begann man schon, die Krankheit in ein Raster einzuordnen. Später, im Juni 1982 – man hatte erkannt, dass auch Frauen und heterosexuelle Männer betroffen waren, Drogenabhängige, die intravenös Substanzen konsumierten, und Bluter –, setzte sich die Bezeichnung »Acquired Immune Deficiency Syndrome« (erworbenes Immunschwächesyndrom) durch, kurz: AIDS.

Das Kürzel mit den vier Buchstaben, das die Welt in Angst und Schrecken versetzen sollte, wird im ersten *Spiegel*-Artikel noch nicht genannt. Dort ist von einer »Reihe geheimnisvoller, nicht selten tödlicher Krankheiten« die Rede, die womöglich mit den Lebensgewohnheiten der Homosexuellen zusammenhingen. Liegt es am regelmäßigen Cannabiskonsum? Am häufigen Gebrauch von Cortisonsalben? Am Schnüffeln von »Poppers«, einer nitrithaltigen Substanz, die sexuell anregend wirkt und von der der *Spiegel* annimmt, die Homosexuellen versprächen sich davon einen Superorgasmus? Man weiß nichts Genaues, weder über die Ursachen der Erkrankungen noch über die Homosexuellen und ihr Verhalten. Eine Haltung aber hat man schon beim *Spiegel* in Hamburg, sie schwankt irgendwo zwischen höhnischer Distanzierung (»›Manchen Freunden‹, sagt ein Berliner Professor, ›sitzt der Schrecken schon in allen Gliedern, in allen«) und alttestamentarischer Verdammnis: »Vielleicht ist das die Lustseuche des 20. Jahrhunderts, nur nicht so harmlos«, lässt sich der Berliner Bakteriologe Franz Fehrenbach zitieren: »Für die Homosexuellen hat der Herr immer eine Peitsche bereit.«[3]

Mit diesen Sätzen nahm Fehrenbach den Sound der kommenden *Spiegel*-Berichterstattung vorweg, die zwischen Bestrafungsfantasien und apokalyptischen Seuchenängsten changierte – was die Bedrängnis, in der sich die Homosexuellen befanden, nicht eben besser machte. Eine Minderheit, die sich gerade erst im Gefolge der Studenten- bzw. Bürgerrechtsbewegungen einigermaßen emanzipiert hatte, wurde ganz konkret von dieser neuen »Pest« bedroht und sollte jetzt für den künftigen Niedergang der Menschheit verantwortlich sein.

Die Krankheit sei wie »ein Schuß ins stille Glück« gefallen, schrieb der Mediziner Stefan Hinz 1984 in dem von ihm herausgegebenen Band *AIDS. Die Lust an der Seuche.*[4] Damit meinte er auch die relative Freiheit, mit der sich Homosexuelle in der Bundesrepublik zu diesem Zeitpunkt bewegen konnten. In den Großstädten gab es eine ausdifferenzierte Szene, allein in Westberlin mehr als fünfzig Kneipen, zwei schwule Verlage und mehrere Saunen. Frank Ripplohs legendärer, auch international erfolgreicher Film *Taxi zum Klo* (1980) vermittelt etwas von der damaligen Atmosphäre. Im Zentrum stehen Frank und Bernd, ein schwules Paar zwischen Verliebtheit und Verdruss – erstmals wurden hier Homosexuelle nicht in einem Problemzusammenhang dargestellt, sondern in ihrer alltäglichen, manchmal eben auch banal anmutenden Normalität zwischen Beruf, Tuntenball und Abendbrot.

Der Titel des Films bezieht sich auf eine Szene, in der Frank mit einer Hepatitis im Krankenhaus liegt und sich von dort aus ein Taxi nimmt, um Sex auf einer öffentlichen Toilette (Klappe) zu haben. Später zu dieser Szene befragt, gab Ripploh an, er habe damals geglaubt, dass Hepatitis nur ansteckend sei, »wenn einem das Gelbe ins Gesicht schießt«, also die »Gelbsucht« ausgebrochen ist.[5]

Von Infektionswegen hatte man in diesen Tagen wenig Ahnung. Und auch keine Angst vor sexuell übertragbaren Erkrankungen wie »Tripper« (Gonorrhoe) oder »Feigwarzen« (Condylomata acuminata), die seit den fröhlichen Siebzigern virulent geworden waren. Es war die Zeit nach der nunmehr gut behandelbaren Syphilis – und vor Aids.

Im Bermudadreieck

Im Café Berio haben wir uns verabredet, weil es fürs Tom's noch zu früh ist und es das Café Central schon lange nicht mehr gibt. Als es das Café Central in Berlin-Schöneberg noch gab, Mitte der achtziger Jahre, waren Maja Zogg und Udo Hartmann beste Freunde und zogen gemeinsam um die Häuser, gerne hier im »Bermudadreieck« um die Motzstraße herum, damals wie heute ein schwules Ausgehviertel – auch wenn der Kiez mittlerweile gern als »schwules Altenheim« verspottet wird. Die Zeit der schwulen Gettos scheint vorbei, ob in Berlin, München oder Frankfurt am Main; klassische Szeneviertel sind vom Aussterben bedroht. Der Nachwuchs, heißt es, tummelt sich lieber im Internet – oder geht gleich »hetero« aus.

Wenn man sie so am Tisch sitzen sieht in der Geborgenheit des Café Berio mit seinen Kitschbildern und Sahnetorten, könnte man sie für ein altes Ehepaar halten: eine elegant angeschrägte Dame in ihren Fünfzigern, die eine riesige Puck-Brille mit getönten Gläsern trägt, und ein distinguierter älterer Herr um die sechzig mit kleinem Bauch.

»Wir wollten ja heiraten damals, Udo, erinnerst du dich?«, sagt Maja mit ihrem Schweizer Akzent, »hheirraten«. – »Ja«, lacht Udo, »du in einem weißen Lederkleid und ich im schwarzen Lederanzug mit Nieten.« Seit Jahren haben sich die beiden nicht gesehen, und eigentlich ist es total unwahrscheinlich, dass Udo überhaupt hier sitzt: Er ist ein sogenannter Langzeitpositiver, seine Diagnose bekam er 1985, im ersten Sommer, in dem HIV-Tests möglich waren: In den USA war der »Elisa«-Suchtest entwickelt worden.

Ein Jahr zuvor waren Maja und Udo in Berlin gelandet; einer der größten Hits des Jahres war »Forever Young« von Alphaville. Kennengelernt hatten sie sich in Hannover: Udo war Schauspieler an der Landesbühne, Maja machte eine Ausbildung zur Theatermalerin. »Du warst so süß, als ich dich zum ersten Mal gesehen habe, wie du mit einem Schirmchen über die Brücke gegangen bist«, sagt Maja. In den Herrenhäuser Gärten war das. »Die Bremer Stadtmusikanten haben wir gegeben, im Sommertheater. Ich spielte einen fetten Koch.« Udo hat einige Mühe, sich zu erinnern, es ist lange her, seinen Beruf als Schauspieler hat er mit dreißig an den Nagel gehängt, aus gesundheitlichen Gründen.

Schon in Hannover waren die beiden viel unterwegs, »nie in einer Schwulenbar, das wüsste ich«, sagt Maja. Gab es die damals in Hannover überhaupt? »Natürlich, in der Nähe des Bahnhofs, eine sogar mit ›Dunkelraum‹«, erinnert Udo sich, »Klappen waren sowieso überall, in Paderborn sogar direkt unter dem Dom.« Man habe zu dieser Zeit nichts zu befürchten gehabt als schwuler Mann. Tripper, Syphilis und Filzläuse waren lästig, aber gut behandelbar. »Maja war damals die schlimmste Frau von allen – sie hat den anderen gezeigt, wie man Männer abschleppt.« Es ist ihr überhaupt nicht peinlich – warum auch? »Ich wollte eine freie, unabhängige Sexualität«, sagt sie. Zunächst nahm sie die Pille, mit sechsundzwanzig ließ sie sich sterilisieren, Kinder wollte sie keine. Ihr langes Haar hat sie seinerzeit abgeschnitten, um sich die Kavaliere älterer Schule vom Leib zu halten. »Das hat funktioniert, für die war ich nicht mehr interessant – und konnte mich auf die Männer konzentrieren, die ich haben wollte. Das war schön. Unabhängig, das bedeutete auch, dass ich gesagt habe, was ich möchte. Damals haben viele Frauen ja einfach nur die Wünsche der Männer erfüllt, und wenn dazu gehörte, sich vom Regisseur oder Intendanten in den Arsch ficken zu lassen.« Kondome haben beide nicht benutzt. Dafür gab es einfach keinen Grund.

Das Jahr 1985 hat für Udo alles verändert. Es begann mit einem Autounfall. Als er auf einer großen Ausfallstraße links abbiegen wollte, raste ein entgegenkommendes Fahrzeug in die Beifahrertür. Neben ihm saß ein guter Freund – er war sofort tot, sein Kopf lag auf Udos Schulter, das Genick gebrochen. Udo überlebte knapp und musste 4000 Mark Strafe zahlen wegen fahrlässiger Tötung. Im Virchow-Klinikum wurde er dann zu einem »interessanten Fall«: komplett lädierte linke Körperhälfte, notoperierte Leber, Hepatitis. Und HIV.

Das war so viel auf einmal, dass es ihn womöglich gerettet hat. »Jahre später, es ging mir beschissen, stand ich wieder auf dieser Brücke am Kaiserdamm und dachte: ›Du hast diesen Unfall überlebt, jetzt überlebst Du auch HIV.‹ Gesprungen bin ich nicht.« In seinen Beruf ist er nie mehr wirklich zurückgekommen, zunächst wegen der unfallbedingten Verletzungen, später aufgrund der Aids-Erkrankung – Wunden, die nicht heilen wollten, eine Blutvergiftung, Lungenentzündungen, diverse Klinikaufenthalte. Maja hat ihn damals regelmäßig im Krankenhaus besucht, »wir haben uns weiter umarmt und geküsst«. Sie hat dann auch einen Aids-Test machen lassen. Negativ.

Wir verlassen das Café Berio und ziehen weiter in den Hafen. Maja hätte gern ein Bier, Udo trinkt nicht mehr. Er hat auch mit dem Rauchen aufgehört, aber nichts dagegen, in der »Raucher-Lounge«, einem kleinen Separee im hinteren Teil der schwulen Traditionsbar, Platz zu nehmen. Tom's Bar, einer der ältesten und bekanntesten Darkroom-Läden, ist gleich nebenan, zwei Etagen darüber eine HIV-Schwerpunktpraxis – unten im Keller, heißt es in der Szene sarkastisch, holt man sich das Virus und im zweiten Stock die Tabletten. Als das Rauchverbot in der Gastronomie eingeführt wurde, gab es hier eine Kontrolle des Berliner Ordnungsamts: im Darkroom, mit Taschenlampen – der Aufschrei in der »Community« war groß, die Erinnerungen an Razzien und andere Schikanen sind bei älteren Schwulen stark.

Udo zeigt auf seinem Smartphone ein Porträtfoto von sich, aus dem Jahr 1985. Ein schöner junger Mann mit schwarzem Haar, kokett anmutenden Lippen und feinen Zügen. Maja verlor in diesem Jahr ihre erste große Jugendliebe, einen Italiener, der gefixt hatte.

»Aber ansonsten wähnten sich die Heteros meist in Sicherheit – das Ganze galt als Angelegenheit von Schwulen und Drogenabhängigen. Man frönte weiter«, erinnert Maja sich, »dem alten und heute abgedroschen wirkenden Spruch aus den Siebzigern, ›Wer zweimal mit derselben pennt, gehört schon zum Establishment‹.« Und die Schwulen? »Da gab es, wie bei Heteros, die komplett Hysterischen und die Besonnenen«, sagt Udo. »Die Hysterischen hatten dann lange gar keinen Sex mehr, überhaupt nichts. Die anderen sagten sich: Okay, es kommt nicht aus der Poppersflasche oder aus der Luft, es ist ein Virus, und man kann sich davor schützen.« Im Tom's zum Beispiel habe es sicher anfangs Umsatzeinbrüche gegeben, »aber das Leben ging weiter, auch dort«. Für die Sicherheit sorgten von nun an »Cruising Packs«, Kondome mit Gleitgel.

Nachdem Udo nicht mehr als Schauspieler arbeiten konnte, versuchte er sich erfolgreich in der Gastronomie; später war er Aufnahmeleiter bei Film- und Fernsehproduktionen, unter anderem mit Manfred Salzgeber, der 1994 an den Folgen von Aids starb.

Der Hafen wird nun voll, immer mehr Menschen kommen in den kleinen Laden. Auch die Musik wird lauter, man versteht sein eigenes Wort nicht mehr. Maja drängt zum Aufbruch. Außerdem wollen die beiden etwas essen. Ein Schawarma am Winterfeldtplatz soll es sein, den Laden gab es in den Achtzigern schon, ebenso wie das Slumberland zwei Häuser weiter, eine Eckkneipe mit Sand auf dem Boden, Spezialität Cocktails.

Wir sitzen am Tisch und essen, Soße tropft aus den Fladenbroten. Udo erinnert sich an die frühen neunziger Jahre. Damals bekam er AZT, »in niedriger Dosierung«, lange das einzige effektive Mittel, allerdings mit starken Nebenwirkungen, Udo hatte unter anderem Probleme mit seinen Thrombozyten. Heilung brachte es nicht, es ging eher darum, die Lebensdauer zu verlängern. Regelmäßig Pillen schlucken, Blutabnahmen, Helferzellen zählen, das bestimmte nun Udos Alltag. Ebenso wie die Aussicht, bald sterben zu müssen. »Bei jedem Sonnenuntergang dachte ich: Es könnte dein letzter sein. Wenn ich am Mittelmeer war, dachte ich, dass ich es vielleicht nie wiedersehe. Das hat mein Leben intensiviert. Es war nicht so, dass es eine einzige Katastrophe war. Es war alles dabei – inklusive heftiger Phasen des Exzesses. Ich wollte mich spüren. Spüren, dass ich noch lebe.«

Immer wieder quälten ihn gesundheitliche Probleme. Schließlich ließ er sich berenten, zog in eine Sozialwohnung. Er engagierte sich ehrenamtlich für die Aids-Hilfe, machte unter anderem Telefonberatung. Aids gehörte nun zu ihm. Wurde vielleicht sogar übergroß, nahm zu viel Raum ein. Und Maja ging ihre eigenen Wege, es hat sich so ergeben. Sie lernte ihren jetzigen Lebensgefährten kennen, Klaus, einen Tierarzt aus dem Wendland, arbeitete in Kanada als Bühnenmalerin und Requisiteurin.

Wir ziehen weiter, überlegen, in eine Stricherbar um die Ecke zu gehen, weil es dort vielleicht leiser ist. Fehlanzeige. Vor der Tür tummeln sich ein Dutzend Stricher, die meisten von ihnen aus Bulgarien und Rumänien. Drinnen alte, dicke Männer. Als wir uns an einem runden Tisch dazusetzen wollen, wird unsere höfliche Frage, ob wir stören, bejaht. Maja ist als Frau erst recht unerwünscht.

Die jungen Männer, die hier ihr Geld verdienen, sind höchst gefährdet, sich mit HIV zu infizieren. Für dreißig bis fünfzig Euro gehen sie mit in eines der benachbarten Stundenhotels. Viele sind heterosexuell. Sie vermieten ihren Schwanz und, wenn es keiner der Kollegen mitbekommt, auch ihren Arsch, aber sie wissen eigentlich nicht, was sie tun. »Ohne Gummi« bringt mehr Geld. Udo macht das wütend. Ungeheuer wütend. Helene Fischer singt »Atemlos«. Wir gehen.

Schließlich landen wir in der Bar eines Hotels. Maja bestellt noch ein Bier, Udo einen Ananassaft. Das mit dem Alkohol hat er vor vier Jahren aufgegeben, damals war es fast wieder so weit, er hatte über dreißig Kilo abgenommen und lag wie ein kleiner weißer Geist in einem Krankenbett der Berliner Charité, bevor er sich auf wundersame Weise, wie immer, wieder hochrappelte. Doch das bislang größte Wunder ist ihm 1996 widerfahren: »Ich war in Italien, in der Toskana, in einem Haus von Freunden oben in den Bergen. Die Welt ist dort oben ziemlich weit weg. Dann kam ein Freund mit dem neuen *Spiegel*, wenig später riefen mich andere Freunde aus Deutschland an, weil sie in den Zeitungen gelesen hatten, dass es einen sensationellen Durchbruch bei der Bekämpfung von Aids gegeben hatte. Das war HAART, die Dreifachkombinationsprophylaxe.« Udo wirkt noch heute gerührt, wenn er von diesem Ereignis spricht. »Es war ein Triumph. Plötzlich war da wieder Hoffnung.«

Berechtigte Hoffnung, wie sich zeigen sollte. Nach Einnahme des neuen Medikamentencocktails stieg bei den Patienten die Zahl der Helferzellen (weiße Blutkörperchen, die unverzichtbar sind für die Immunabwehr), Kaposi-Sarkome verschwanden einfach, »man bekam nicht mehr diese ständigen Lungenentzündungen, und die Nebenwirkungen waren weniger grauenhaft«.

Erst zwei Jahre später begriff Udo, was geschehen war. Und er, der eigentlich Todgeweihte, fiel in ein tiefes Loch. »Lazarus-Phänomen, so nennt man das, wenn jemand, der eigentlich schon für tot erklärt wurde, doch wieder Lebenszeichen aufweist. Ich stand plötzlich da und begriff, dass ich wieder eine Perspektive hatte. Aber was hatte ich in Händen?« Er war Rentner, ohne Beruf, seine Karriere war beendet. »Ich hatte das Gefühl, dass ich überhaupt nichts mehr kann. Gar nichts.« Gerettet hat ihn schließlich sein Hund, den er kurz zuvor angeschafft hatte, »dem hatte ich ja versprochen, dass ich mich kümmere, Verantwortung übernehme«.

In der Hotelbar ist es wie in einem Transitraum, wir könnten überall auf der Welt sein, gehören genauso wenig hierher wie die anderen Gäste. Ein bisschen verloren in der Zeit, weil wir den ganzen Abend über die Vergangenheit gesprochen haben, sitzen wir auf den roten Kunstledersesseln, an diesem kalten Märztag in Berlin. Aids ist für Udo wieder kleiner geworden, hat nicht mehr dieselbe Bedeutung. Vielleicht ist er damit wieder näher an Maja. »Ihr wart ja nie so richtig betroffen.« Udo sagt das ohne Vorwurf. »Ihr«, das sind die Heteros. Das »Wir«, es bleibt am Ende. »Wir sind ja nicht in die sexuelle Revolution reingeboren, wir haben sie mit entwickelt«, sagt Udo, und Maja ergänzt: »Wir sind die Nachzügler der Achtundsechziger, die hatten viele Freiheiten erkämpft, aber wir haben das dann ausgelebt. Es war ein großes Gefühl von Freiheit, bevor der Aids-Schock kam.«

Könnte es nicht sein, dass viele schwule Männer seiner Generation diese schreckliche Zeit vergessen möchten und nicht können? Dass sie nicht darüber reden wollen? Das ständige Sterben, die Stigmatisierung, dieser abscheuliche Mix aus Schuld, Scham, Angst und Tod. »Ja«, sagt Udo, »das kann sein.«

Wir verabschieden uns voneinander. Maja muss morgen nach Istanbul, sie hat dort beruflich zu tun. Udo arbeitet wieder im Kino Babylon in Berlin-Mitte, und allmählich muss er sich auch um seinen neuen Hund kümmern, der zu Hause auf ihn wartet. Doch die beiden reden einfach weiter, draußen in der Kälte, können gar nicht aufhören zu reden. Was ist denn mit dem Jetzt? Und über das Morgen haben wir noch gar nicht gesprochen, immer nur über das Gestern. In die Hand versprechen sich die beiden, dass sie sich von nun an wieder regelmäßig sehen wollen.

SIDA : LE FMI
Die Welt
tut w

UE! ACT UP
hat AIDS
as!
ACT UP

Act-Up-Demonstration, Berlin 1993.

I. Die Inkubationszeit
Von der Emanzipationsbewegung zur AIDS-Hilfe

»Mit grünverfärbtem Gesicht, wachsbleichen Lippen, bleiernen Lidern, kurzem, stoßweisem Atem [...] lag er tief in seiner Matratze.« Dieses Zitat aus Camus' *Die Pest* ist dem Artikel »Aids: Eine Epidemie, die erst beginnt« vorangestellt.[6] Im Juni 1983, ungefähr ein Jahr nach dem ersten Artikel, geht der *Spiegel* mit dem Thema »Aids« auf den Titel: Das Cover zeigt zwei Männer, die einander in mutueller Masturbation zugewandt sind. Dazu die Headline »Tödliche Seuche AIDS. Die rätselhafte Krankheit«. Aids wird nun auch in Deutschland zu einem Thema, das die Allgemeinheit beschäftigt – das amerikanische Seuchenzentrum in Atlanta hat inzwischen 1556 eindeutige Aids-Fälle weltweit registriert, in Deutschland sind 24 bekannt, 558 Todesfälle gibt es bislang in den USA.[7]

Der heute bizarr anmutende Tonfall der *Spiegel*-Berichterstattung wird die kommenden Jahre prägen: »Droht eine Pest? Wird Aids wie ein apokalyptischer Reiter auf schwarzem Roß über die Menschheit kommen? Ist eine moderne Seuche in Sicht, die sich zu Tod, Hunger und Krieg gesellen wird, wie einst im Mittelalter? Oder werden nur die homosexuellen Männer daran glauben müssen?«[8] Illustriert ist der Text unter anderem mit einer Darstellung der Wiener Pestepidemie des Jahres 1348, dem Foto eines pockenkranken Inders aus dem Jahre 1974 und einer Allegorie der Cholera, einem Kupferstich von 1851: Gevatter Hein spielt auf der Knochengeige.

Die westdeutsche Ärzteschaft war bereits auf die Aids-Gefahr aufmerksam gemacht worden. Im *Deutschen Ärzteblatt* hatten im Februar 1983 Johanna L'age-Stehr und Meinrad Koch vom Bundesgesundheitsamt über die ersten Fälle im Bundesgebiet berichtet.

Aufgrund der außergewöhnlich langen Inkubationszeit sei mit einer deutlichen Zunahme zu rechnen.[9] Die Behörden blieben jedoch – aus heutiger Sicht – erstaunlich untätig, und das bis 1985. Das Gesundheitssystem war allein auf kurativmedizinische Versorgungsformen eingerichtet und von medizinischer Verbandspolitik geprägt. Dominiert von Medizinern der Kriegs- und Nachkriegsgeneration, war es weitgehend reformresistent – und nun mit einer Erkrankung konfrontiert, für die es weder Therapieformen noch Impfstoffe anzubieten hatte.[10]

Zwar erklärt die Bundesregierung 1983 Aids in einer Pressemitteilung erstmals zu einem nationalen Problem, und Bundesgesundheitsminister Heiner Geißler verkündet im Mai diesen Jahres, die Krankheit bekämpfen zu wollen – aber wie und womit?[11] Die Ärzte sind ratlos. Der *Spiegel* zitiert Meinrad Koch: »Darüber, wie sich die Seuche entwickeln wird, weiß ich nichts. Noch sind viele wissenschaftliche Mitteilungen über Aids nur *soft evidence.*«[12]

Wer keine Ursache benennen kann, hat auch meist keine Idee, wie eine kausale Therapie aussehen könnte. Man weiß mittlerweile, dass die Gefahr nicht von Poppers ausgeht, und einige Wissenschaftler sind bald überzeugt, dass der Auslöser ein Virus ist, nachgewiesen werden aber konnte es noch nicht. Nachdem Fachzeitschriften über Fälle von Aids in Haiti und Zentralafrika berichtet haben – auch in New York sind Erkrankte, die aus Haiti stammen, überrepräsentiert –, verbreitet sich der Verdacht, dass es sich um eine Krankheit »der Fremden« handelt, und es kursieren entsprechende Gerüchte: Sind geheime Voodoo-Blutrituale die Quelle allen Übels?[13]

Schon 1983 lädt das Bundesgesundheitsministerium eine Task Force aus San Francisco ein, um sich aus erster Hand unterrichten

Mit der Titelgeschichte »Tödliche Seuche Aids« rückte der *Spiegel* die Krankheit Anfang Juni 1983 in das öffentliche Bewusstsein der Bundesrepublik.

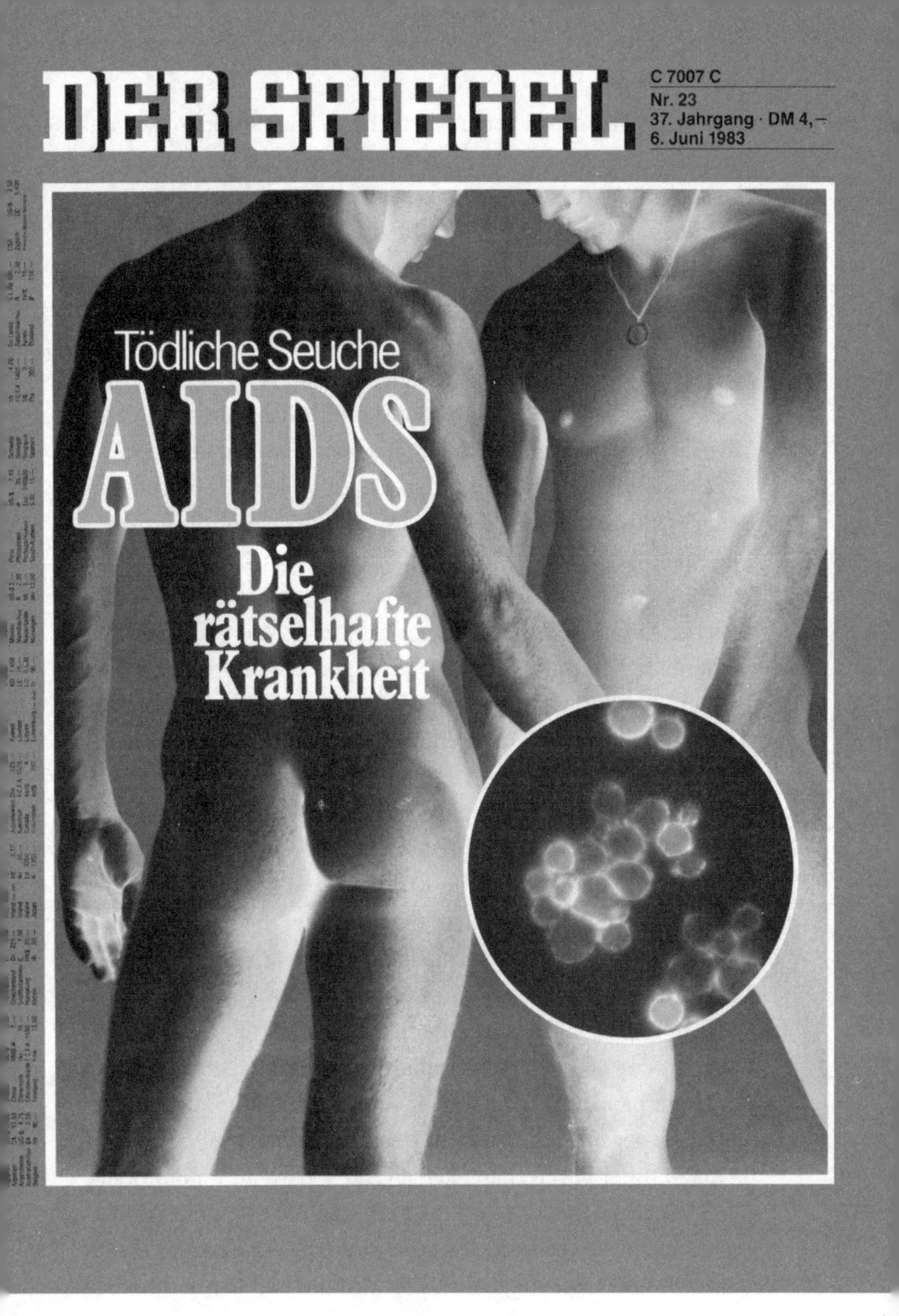
DER SPIEGEL
C 7007 C
Nr. 23
37. Jahrgang · DM 4,–
6. Juni 1983
Tödliche Seuche
AIDS
Die rätselhafte Krankheit

zu lassen.[14] Früh wird verantwortlichen Politikern klar, dass das Bundesseuchengesetz, das in weiten Teilen noch aus der Kaiserzeit stammt, in dieser Situation womöglich nichts taugt: Reihenuntersuchungen, Melde- und Mitteilungspflicht, Verordnungen für Risikoorte, Isolierung, Quarantäne und Haft, um die Infektionskette zu unterbrechen – solche Maßnahmen mochten geeignet sein, mit der Spanischen Grippe fertig zu werden, die zwischen 1918 und 1920 weltweit Millionen Todesopfer gefordert hatte. Aber lässt sich damit eine Infektionskrankheit eindämmen, deren Übertragungswege und Inkubationszeiten niemand kennt?[15]

Dennoch gibt es zunächst keine klare Linie oder Haltung bei den Verantwortlichen, das Bundesgesundheitsministerium verfolgt eine Art Zickzackkurs: Im Oktober 1983 kommt eine Tagung medizinischer Fachleute zu dem Schluss, es seien »keine außergewöhnlichen Maßnahmen notwendig«, da sich die Epidemie lediglich auf bestimmte Gruppen beschränke. In einer Pressemitteilung vom November 1984 heißt es dann, das Bundesgesundheitsministerium erarbeite ein strenges neues »Gesetz über sexuell übertragbare Krankheiten«, das unter anderem vorsehe: medizinische Zwangsuntersuchungen potenziell Infizierter, Ordnungsvorschriften für Infizierte, ein Verbot von Blutspenden, Kontaktverfolgung, anonyme Meldung und sogar die namentliche Meldung jener Personen, die sich einer medizinischen Behandlung widersetzen. Rückblickend lässt sich schwer entscheiden, ob dieser Vorstoß des Ministeriums als Provokation gedacht war, um Forderungen nach einer gemäßigten Strategie hervorzurufen – oder ob die Ministerialbeamten lediglich einen Plan in der Hinterhand haben wollten für den Fall, dass ihr pragmatisches Vorgehen gegen Aids abgelehnt werden sollte.[16]

Im Sommer 1983 ist das Thema »Aids« erstmals im Bundestag zur Sprache gekommen. Auf die Frage der SPD, was die Bundesregierung zu tun gedenke, um die drohende »Epidemie« einzudämmen und einer möglichen Diskriminierung der Betroffenen entgegenzuwirken, skizziert die Parlamentarische Staatssekretärin Irmgard Karwatzki zunächst die bereits ergriffenen Maßnahmen: Suche nach Krankheitserreger, Prävention durch Information, Unterstützung homosexueller Selbsthilfeorganisationen, die als Multiplikatoren dienen und in der Schwulenszene Aufklärung leisten sollen. Schon früh zeigt sich hier eine liberale, moderne Haltung, die Betroffenen mit einzubeziehen. Im zweiten Teil ihrer Antwort macht Karwatzki allerdings deutlich, dass die Entwicklung auch eine andere Richtung nehmen könnte: »§ 7 des Bundesseuchengesetzes gibt der Bundesregierung die Möglichkeit, die Meldepflicht übertragbarer Krankheiten auszudehnen, soweit die epidemiologische Lage dies erfordert.«[17] Bei aller Liberalität schwebt also das 1961 erlassene Bundesseuchengesetz »wie ein Damoklesschwert über den Aids-Debatten«.[18]

Aids breitet sich offenkundig nicht so schnell aus wie Cholera, Typhus oder eben die Spanische Grippe – und betrifft vor allem gesellschaftliche Randgruppen, über die man wenig weiß. Epidemiologen vermuten zunächst nur, dass die Homosexuellen aufgrund ihres Sexualverhaltens, etwa des rezeptiven Analverkehrs, besonders anfällig für die Krankheit sind. Die mit dem Thema befassten, meist heterosexuellen Wissenschaftler, Politiker und Journalisten können zunächst kaum glauben, was sie von den Betroffenen zu hören bekommen: Bis zu tausend Sexualpartner geben einige schwule Männer an in einem Jahr gehabt zu haben. Zahlen und Untersuchungen, die solche Angaben in einen Kontext stellen oder relativieren könnten, fehlen allerdings. In den USA muss man sich auf die Jahrzehnte alten Umfragen des Zoologen Alfred Kinsey stützen, deren Ergebnisse er 1948 in *Sexual Behavior in the Human Male* veröffentlichte, in Deutschland gibt es die Arbeiten des Frankfurter Instituts für Sexualforschung, insbesondere die 1974 erschienene Studie *Der gewöhnliche Homosexuelle* von Martin Dannecker und Reimut Reiche.[19]

Erst später werden vermehrt Studien zur Homosexualität erstellt, die konkret Aufschluss über das Sexualverhalten schwuler Männer geben. So die ab 1987 von der Deutschen AIDS-Hilfe in Auftrag gegebenen Umfragen des Berliner Soziologen Michael Bochow. Aus der ersten Studie geht unter anderem hervor, dass (genau wie in den frühen siebziger Jahren) rund 78 Prozent der Befragten zumindest gelegentlich Analverkehr hatten. Im Gegensatz zur bis dahin verbreiteten Forschungsmeinung, die eine hohe Promiskuität, anonyme Sexualkontakte und eine reichhaltige, variierende Anzahl an Sexualpraktiken als Merkmal schwuler Lebensstile ausgemacht hatte, zeichnete Bochows Studie ein stark differenziertes Bild: 81 Prozent der Befragten gaben an, ihre Sexualgewohnheiten im Zuge von Aids geändert zu haben.[20]

Im Jahr 1983 allerdings ist das Wissen über das Sexualverhalten homosexueller Männer so bescheiden, dass sich die Akteure genötigt sehen, sich auch auf das zu verlassen, was sie zu wissen glauben. Ärzte in New York entwerfen ein Flugblatt mit der Botschaft: »Beschränke die Zahl der verschiedenen Männer, mit denen du Sex hast. Meide vor allem Männer, die selber viele Partner haben.«[21] Es ist ein Aufruf zur Selbsthilfe und ein Ausdruck von Ohnmacht – in den USA sterben die schwulen Männer, und wer »verdächtige« Symptome zeigt, dem kann es passieren, dass er aus einem Lokal geworfen wird. Die Angst ist oft stärker als die Solidarität. Manche glauben, sich vor der Erkrankung schützen zu können, indem sie sich von bestimmten Personengruppen fernhalten: In der New Yorker Szene misstraut man den Haitianern, in deutschen Großstadtszenen wähnt man sich sicher, wenn man Sex mit Amerikanern meidet.[22]

Auch in der Bundesrepublik gewinnt im Frühjahr 1983 die Selbsthilfe der Betroffenen an Bedeutung. Der Verein »Schwule Ärzte und Therapeuten« gibt ein Flugblatt heraus, das darüber aufklärt, dass man sich nicht mit einem Händedruck infizieren kann. Die Berliner Schwulenberatung veranstaltet Anfang Mai einen Informationsabend, zu dem mehr als fünfhundert Männer kommen. Groß ist das Misstrauen gegenüber den Ratschlägen und Anordnungen der Mediziner und Beamten, die zwar offenkundig keine Ahnung haben, wie man des Problems Herr werden könnte, aber glauben, sie könnten weiter über die Belange der Homosexuellen richten. Die Promiskuität sollte also schuld sein? Keuschheit und Treue wieder Einzug halten?

Es war noch nicht lange her, dass der auch in der Bundesrepublik in der Nazi-Fassung weiter bestehende »Schwulenparagraf« 175 des Strafgesetzbuches entschärft worden war: Erst 1969 war Homosexualität im Rahmen der Großen Koalition unter Kurt Georg Kiesinger entkriminalisiert worden, nachdem über 50 000 Bürger verurteilt worden waren – das waren mehr homosexuelle Opfer der Justiz als während des Nationalsozialismus. Und noch immer lag das Schutzalter für junge Männer (achtzehn Jahre) höher als für Mädchen (vierzehn Jahre).[23]

Die Liberalisierung ermöglichte schließlich die Produktion des Films *Nicht der Homosexuelle ist pervers, sondern die Situation, in der er lebt* im Auftrag des Westdeutschen Rundfunks. Regie führte Rosa von Praunheim, am Drehbuch hatte Martin Dannecker mitgewirkt. Der Film wurde im Juli 1971 auf der Berlinale präsentiert und anschließend in Kinos auch außerhalb Berlins gezeigt. Schon bei den ersten Aufführungen kam es zu spontanen Diskussionen, daraus gingen die ersten Homosexuelleninitiativen hervor, etwa die Homosexuelle Aktion Westberlin (HAW), die Rote Zelle Schwul (RotZSchwul) in Frankfurt am Main und die Gay Liberation Front (GLF) in Köln. Im Fernsehen ausgestrahlt wurde der Film erstmals im Januar 1972, zu später Stunde, im dritten Programm des WDR. Erst ein Jahr später zeigte die ARD ihn bundesweit, der Bayerische Rundfunk allerdings klinkte sich aus der Übertragung aus. Der Film beschäftigte die Nation, bereits die häufige Nennung des Begriffs »schwul« war für viele Zuschauer eine Zumutung, doch er richtete sich vor allem an die Homosexuellen selbst – und zwar mit harscher Kritik: Die Schwulen, so der Tenor, seien spießig und angepasst, ängstlich und schon dankbar dafür, dass sie nicht totgeschlagen würden. »Raus aus den Toiletten, rein in die Straßen!«, lautete die Botschaft des Films, eine schiefe Übersetzung der amerikanischen Formel »coming out of the closet«, die aber im Kontext der seinerzeit weitverbreiteten, klandestinen Klappenkultur (Sex auf öffentlichen Toiletten) trotzdem verstanden wurde.[24]

Diese Botschaft fiel auf fruchtbaren Boden. Die moderne Schwulenbewegung der siebziger Jahre nahm Fahrt auf. 1972 kam es zur ersten Schwulendemo in Münster, und überall im Land gründeten sich weitere Schwulengruppen, 1973 waren es bereits fünfunddreißig, ein Jahr später fünfundvierzig.[25] Diese Phase der Schwulenbewegung gilt als studentisch geprägt und war eingebettet in die philosophischen und ideologischen Strömungen der Zeit der außerparlamentarischen Opposition. Die Aktivisten der ersten Stunde träumten davon, eine schwule Gegenkultur zu errichten und die Welt zu verändern. Sie »kämpften gegen den Kapitalismus und für ein warmes Plätzchen nach der sozialistischen Revolution«.[26]

Die nächste, Post-Apo-Generation der Schwulenbewegung war bereits in großen Teilen pragmatischer und hatte realpolitische Ziele vor Augen – wiederum dem Zeitgeist entsprechend: Nach dem Deutschen Herbst waren viele Linke bereit, sich sowohl vom Politikverständnis der K-Gruppen und der DDR als auch von der Gewalt der RAF abzuwenden und sich auf die praktische, eben alternative Gestaltung der Gesellschaft zu konzentrieren. »Kulturfabriken« und alternative Veranstaltungsorte entstanden, aus der Idee, eine alternative Tageszeitung zu etablieren, ging die *taz* hervor.

Berlin, Juni 1986.

In dieser Phase der Schwulenbewegung entstanden die ersten Gay Prides, Demonstrationen von Schwulen und Lesben, die später Christopher Street Day (CSD) hießen, benannt nach der New Yorker Christopher Street, in der sich 1969 der Stonewall-Aufstand zugetragen hatte. Im Juli des Jahres 1979 fand der Homolulu-Kongress in Frankfurt am Main statt, das erste internationale Homosexuellentreffen, das zum Zündfunken für die Gründung vieler schwuler Initiativen in Westdeutschland wurde, etwa des Begegnungs- und Tagungshauses Waldschlösschen oder des Berliner Kommunikations- und Beratungszentrums homosexueller Frauen und Männer, um nur zwei Beispiele zu nennen. Die Schwulen wurden aktiv und waren nicht mehr bereit, als real existierender »Nebenwiderspruch« auf bessere Zeiten zu warten. Nach der Revolution des Proletariats, so das halbgare Versprechen der linken Heteros, sollte es dann auch die Gleichberechtigung für Homosexuelle geben.

Zum Abschluss des Kongresses wurde ein gemeinsam erstellter Forderungskatalog verlesen: gleiche Rechte für Homo- wie für Heterosexuelle, insbesondere im Erb- und Steuerrecht, staatliche Unterstützung für eigenständige Institutionen der Schwulen, ein Sitz im Rundfunkrat, schwule Selbstdarstellung im Sexualkundeunterricht, gesetzlicher Schutz vor Diskriminierung, Wiedergutmachung für schwule KZ-Opfer und ersatzlose Streichung des Paragrafen 175. Mithin fast die komplette politische Agenda der Homosexuellen für die nächsten vierzig Jahre.[27]

Einige Schwule und Lesben engagierten sich in der alternativen Bewegung, die zur Gründung der Grünen führte, andere suchten die Nähe der etablierten Parteien. Der Arbeitskreis Lesben und Schwule in der SPD (Schwusos) wurde im Mai 1980 gegründet, kurz darauf der Arbeitskreis lesbischer und schwuler Liberaler (SchwuLis).[28]

Im Sommer des Jahres 1980 kam es dann zu einem Treffen der sich wandelnden Schwulenbewegung in der Bonner Beethovenhalle. Erstmals waren auch Vertreter der etablierten Parteien geladen – für die FDP nahm sogar ihr damaliger Generalsekretär Günter Verheugen teil, nur die CSU blieb der Veranstaltung fern. Auf dieser Veranstaltung jedoch eskalierte der Konflikt, der die Bewegung schon während der ganzen siebziger Jahre geprägt hatte, der Streit zwischen »Integrationisten« und »Revolutionären«, den man am ehesten vergleichen kann mit jenem zwischen »Fundis« und »Realos« bei den späteren Grünen.[29]

Die einen verstanden Homosexualität als revolutionären Lebensentwurf, der geeignet war, die Gesellschaft (notfalls mit Waffengewalt) zu verändern, die anderen wollten schlicht in die Mitte genau jener Gesellschaft. In der Beethovenhalle setzten sich die »Fundis« durch – wenn auch »nur für einen Tag«, wie der Zeitzeuge Elmar Kraushaar konstatierte. Die Initiative Homosexualität Bielefeld (IHB) hatte bereits im Vorfeld der Tagung Widerstand organisiert (»Die Veranstalter der Podiumsdiskussion glauben die Lage der Schwulen zu verbessern, indem sie versuchen Einfluß zu nehmen auf die gesetzgebende Gewalt im Staat«, hieß es auf einem Flugblatt), nun entlud sich der Konflikt während der Podiumsdiskussion »Parteien auf dem Prüfstand – wen können wir Homosexuellen wählen?« in Form eines massiven Pfeifkonzerts, auch Stinkbomben wurden geworfen. Ein Gespräch war so nicht mehr möglich, die Politiker verließen entnervt die Bühne.[30] Doch der lange Marsch in die Institutionen hatte begonnen. Für viele aus der Bewegung wurden die Ereignisse zu einem Trauma, die Verletzungen und Enttäuschungen über den Abschied von Utopien und Visionen waren groß und wirken nach bis zum heutigen Tag. Zu Beginn der Achtziger war die Bewegung gelähmt und geschwächt. »Die Luft war raus«, konstatierte Michael Bochow im Jahr 2000.[31] Genau in diese Phase der Ermüdung fielen die ersten Fälle von Aids.

Im Berlin des Jahres 1983 hoffen die schwulen Männer zunächst noch darauf, dass der Atlantik breit genug ist. Wer doch krank wird und eines jener verdächtigen Symptome zeigt, von denen man mit Schrecken gehört hat, meldet sich in der Landesimpfanstalt mit tropenmedizinischer Beratungsstelle[32] und lässt sich registrieren. Anonym, mit einer Nummer – und es werden immer mehr Nummern.

In der Landesimpfanstalt arbeitet damals Sabine Lange als Krankenschwester. Zu ihren Klienten gehören viele schwule Männer, die von Fernreisen mit zum Teil sexuell übertragbaren Krankheiten zurück nach Berlin kommen. Ihr Vorgesetzter, Professor Dr. Ulrich Bienzle, hat daher 1982 mit Untersuchungen schwuler Männer auf Darmparasiten begonnen, das Institut bietet auch Impfungen gegen Hepatitis B an. Sabine Lange ist in diese Vorgänge involviert, und als immer mehr Patienten – insbesondere »Ledermänner«, die in die USA gereist sind – von einer »Schwulenpest« berichten, geht sie als Ansprechpartnerin mit in Schwulenkneipen.

Im Sommer 1983 versammelt sich eine Gruppe schwuler Männer um sie, die sich einig sind, dass etwas geschehen muss – auch wenn sie noch nicht wissen, was genau. Offensichtlich ist nur, dass zu diesem Zeitpunkt eine Bedrohung im Anmarsch ist, der bislang niemand etwas entgegenzusetzen hat. Im September des Jahres wird schließlich die Deutsche AIDS-Hilfe (DAH) gegründet, als eingetragener Verein mit dem Ziel der »Förderung des öffentlichen Gesundheitswesens und des Wohlfahrtswesens«. Schon bei Gründung ist die DAH als Dachverband vorgesehen, obwohl es noch gar keine Basisgruppen gibt. Erstaunlich findet im Nachhinein nicht nur Raimund Geene, der die Aids-Politik in der Bundesrepublik untersucht hat, dass hier die »Struktur dem Problem voranging«. Das explizite Ziel der Betreuung von Aids-Kranken ist »mangels konkreter Fälle zunächst mehr Anspruch als Praxis«.[33]

Michael Bochow zufolge entstammten die Gründungsmitglieder weniger der studentisch-linken Schwulenbewegung, sondern »der hedonistisch orientierten Mittelschicht und sind vielleicht am besten durch die Bezeichnung ›young urban professionals‹ zu charakterisieren«; entsprechend wurden sie »von den politischen Aktivisten eher scheel angesehen«.[34] Aids, so die schwulenbewegte Sichtweise, diene konservativen Politikern zur schwulenfeindlichen Meinungsmache. Das Misstrauen gegenüber den Institutionen war groß, auch die Aids-Hilfen interpretierten die Krankheit zunächst als Vorwand, um die Unterdrückung der Homosexualität zu legitimieren. Raimund Geene liegt wohl nicht falsch, wenn er insgesamt von einem »Mythos« des Konstituierungsprozesses der Aids-Hilfen spricht, der bis heute entlang der politischen Polarisierung der Bewegung debattiert wird – und schon damals von heftigen Streitereien begleitet war.[35]

Für die Aktivisten der ersten Stunde gab es jedoch bereits zu Beginn auch ganz konkrete Gründe, sich zu engagieren. Die wenigen Patienten waren einer diskriminierenden Behandlung ausgesetzt, zum Teil wurden sie regelrecht als Versuchskaninchen benutzt. So kam es bereits im Jahr 1983 zu einem Akt zivilen Widerstands, einer »Act-Up-Aktion ›avant la lettre‹« (Michael Bochow): Ein Aids-Patient, der in einem Berliner Universitätsklinikum im Sterben lag, sollte aus Gründen wissenschaftlicher Neugierde hirnoperiert werden – Aids-Aktivisten blockierten die Tür zum OP.[36]

Es war ein schwieriger Spagat: Den Betroffenen musste geholfen werden, dazu brauchte man die Unterstützung des Staates, der potenziell Teil des Problems war und dem man misstraute. Inzwischen war auch das Bundesgesundheitsministerium aktiv geworden – und lud im März 1985 zu einem ersten »Geheimtreffen« mit medizinischen Fachleuten und Vertretern der gerade entstandenen DAH sowie der Bundeszentrale für gesundheitliche Aufklärung (BZgA), um Möglichkeiten der Aids-Vorbeugung zu besprechen. Die Diskussion verlief, nach anfänglichem gegenseitigem Misstrauen, positiv. DAH und BZgA traten in einen Dialog, der (nach einigen weiteren Treffen) eine Arbeitsteilung zur Folge haben sollte: Die Bundeszentrale sowie bestehende Landeszentralen für gesundheitliche Aufklärung legten ihren Schwerpunkt auf die Information der Allgemeinbevölkerung, während der DAH weitgehend die Zuständigkeit für die Aufklärungsarbeit der Hauptbetroffenengruppen – der Schwulen, später auch der FixerInnen, Stricher und Prostituierten – überantwortet wurde.[37]

Die DAH-VertreterInnen verfügten zunächst nur über ein improvisiertes Büro – nachts nutzten sie kostenlos die Räume eines Berliner Architekturbüros. Nachdem sich die DAH 1984 offiziell an das Berliner Stadtparlament und die Westberliner Landesregierung gewendet hatte, wurden für 1985 zunächst 50 000 D-Mark bewilligt, zuständig war der damalige Gesundheitssenator Ulf Fink (CDU). Damit wurde unter anderem eine Sonderausgabe der Zeitschrift *Siegessäule* zum Thema Aids finanziert. Auf Bundesebene kamen dann 300 000 D-Mark hinzu, die Rita Süssmuth bewilligte. Die DAH wurde durch die Freigabe von Bundesmitteln ungeheuer aufgewertet und war selbst überrascht von ihrem Erfolg. Süssmuth hatte ihrerseits begriffen, dass es für sie von Nutzen sein könnte, Aufklärungsbotschaften zielgruppengenau verbreiten zu können, ohne sie – zum Beispiel gegenüber Kirchenoberen – persönlich verantworten zu müssen.[38]

Ein mustergültiger »Inkorporierungsprozess« setzte ein. Die DAH, eben erst gegründet und keineswegs eine in sich geschlossene Einheit mit klaren Zielen, wurde unter Einbeziehung der BZgA als nachgeordneter Behörde des Bundesgesundheitsministeriums in eine staatliche Gesundheitspolitik einverleibt, die jetzt auf Gesundheitsförderung und Selbsthilfe setzt. DAH und BZgA sollten von nun an in einem wechselseitigen Verhältnis stehen, das nicht immer frei von Spannungen blieb. 1985 zum Beispiel hoffte die Bundesbehörde noch, dass die Deutsche AIDS-Hilfe ohnehin nicht in der Lage sein würde, die ihr zugewiesenen Mittel ordnungsgemäß zu verwenden und abzurechnen. Umgekehrt warf die DAH der BZgA vor, nicht mutig genug zu sein.[39]

In der Szene sorgte bereits die erste Annäherung der Selbsthilfegruppen an den Staat nicht nur für Begeisterung. So kritisierte der Aktivist und Publizist Matthias Frings, der einem breiten Publikum später durch die TV-Sendung *Liebe Sünde* bekannt werden sollte, 1984 die »zahnlose, entpolitisierte schwule Community«, die sich dem Staat an den Hals werfe, anstatt ihre Rechte einzufordern: »In keinem Text der AIDS-Hilfe war bisher zu lesen, dass Schwule das verdammte RECHT haben, JEDES Geld zu VERLANGEN, das Therapie und Forschung benötigen, einen Schritt weiterzukommen. Statt dessen kündigt man allen Ernstes die erste Schallplatte zugunsten der AIDS-Hilfe an.«[40]

Entscheidend für alle weiteren Schritte im Kampf gegen Aids, ob in der Bundesrepublik oder weltweit, war jedoch die Entdeckung der Krankheitsursache im Jahr 1984. In einer gemeinsamen Pressekonferenz mit der damaligen Gesundheitsministerin der Vereinigten Staaten, Margaret Heckler, gab der Wissenschaftler Robert Gallo am 23. April 1984 bekannt, dass Aids durch ein von ihm entdecktes Virus ausgelöst werde. Bereits ein Jahr zuvor hatten Luc Montagnier und Françoise Barré-Sinoussi vom Institut Pasteur in Paris den HIV Typ 1 beschrieben. Gegen eine Geißel Gottes hilft nur beten. Ein Virus aber kann man mit den Mitteln der Aufklärung bekämpfen.

»Mitten im Kampf«: Bruno Gmünder

Es ist noch nicht lange her, im Jahr 2012, da sorgte die Ausstellung *nackte männer. von 1800 bis heute* im Wiener Leopold Museum für Aufsehen: Das Plakat dafür zeigte drei Fußballer, die nackt nebeneinanderstehen; nach heftigen Protesten mussten ihre Genitalien überklebt werden. Die Ausstellung wurde ein großer Erfolg; so groß, dass das Musée d'Orsay die Idee ein Jahr später aufgriff und ebenfalls Werke präsentierte, auf denen der männliche Akt im Fokus steht, darunter wieder Schwarzweißarbeiten des Berliner Fotografen Helmut Röttgen. Anfang der achtziger Jahre hatte er nackte Männerpaare fotografiert – damals eine Sensation und zugleich Ausdruck einer neuen Liberalität im Hinblick auf die Akzeptanz von Homosexualität. Das bekannteste Foto der Serie zeigt einen schwarzen, bärtigen Mann im Vordergrund, seine Bauchmuskulatur ist herausgearbeitet wie bei der Skulptur eines Kriegers. Doch in seinen Händen hält er keinen Speer, sondern er umfasst die Beine eines anderen, weißen Mannes, der hinter ihm hockt und ihn seinerseits umarmt. Die Nacktheit der beiden erscheint eher beiläufig, was sich vermittelt ist ihre Verbundenheit – sie sind ein Liebespaar, der Betrachter kann das spüren.

Der Verleger Bruno Gmünder besitzt ebenfalls ein solches Doppelporträt von Helmut Röttgen. Es zeigt ihn selbst und seinen Lebensgefährten Christian von Maltzahn, der 1997 an den Folgen von Aids verstarb. Der blonde Christian von Maltzahn sitzt im Vordergrund, der dunkelhaarige Bruno Gmünder steht daneben und umarmt ihn, schüchtern, fast ein bisschen ängstlich in die Kamera blickend. Zwei attraktive junge Männer – beide sind damals vierundzwanzig – mit Bärten, wie sie heute wieder in Mode sind. Zwei Männer, die einander tief in Liebe verbunden sind, auch dies scheint spürbar. Das Bild steht, an den Schreibtisch gelehnt, in Bruno Gmünders Büro unweit der Botschaften, Parteizentralen und Landesvertretungen in Berlin-Tiergarten, in einer Wohnanlage der gehobenen Preisklasse. Als Unternehmer hat er es zu Wohlstand gebracht. Den Verlag, der noch immer seinen Namen trägt, hat er längst verkauft.

Er hat das Foto extra für unser Gespräch aus seinem Privatarchiv geholt. In seiner Wohnung möchte er es nicht hängen haben, das wäre emotional nicht erträglich. Entstanden ist es 1980. Zwei Jahre vorher, am Vorabend des »Tunix«-Kongresses 1978, hatten sich die beiden kennengelernt. Christian von Maltzahn jobbte damals als Liegewagenschaffner, pendelte zwischen Berlin und Paris und importierte Bücher aus Frankreich. Bruno Gmünder kam mit einem VW Passat und einer Matratze von München in die Mauerstadt; in Bayern war der Jurastudent in der Roten Hilfe aktiv gewesen, galt als RAF-Unterstützer und stand unter ständiger Beobachtung durch die Polizei. Nach seiner Ankunft in Berlin wurde die WG, in der er untergekommen war, als Erstes mit einer Razzia bedacht. Der bereits schwulenaktivistische Christian führte den eher anarchisch-wilden Bruno (»Ich wollte eigentlich gar keine spießige Identität«) in die Szene ein. »Er hat mir damals einen Brief geschrieben, darin hat er mir seine Liebe gestanden. Das war das einzige Mal, dass er mir gesagt hat, dass er mich liebt. Die rund zwanzig Jahre, die ich dann mit ihm verbracht habe, waren sehr kurz. Weil sie so intensiv waren.«

Die Schwulenbewegung nahm neue Fahrt auf, und die beiden waren mittendrin. Christian von Maltzahn beteiligte sich im Herbst 1978 an der Aktion »Wir sind schwul«, bei der sich 682 Männer im *Stern* outeten (angelehnt an die legendäre Aktion »Wir haben abgetrieben« von 1971). »Daraufhin wurde er von der Familie verstoßen, aber das ist ein anderes Thema«, sagt Bruno Gmünder. Er selbst, der sich gerade erst zu seinem Schwulsein bekannt hatte, leitete dann gleich eine Coming-out-Gruppe und versuchte, anderen zu vermitteln, warum es so wichtig sei, sich als schwul zu definieren; »das war irgendwie typisch für die Zeit«, sagt er lachend, »ein Teil der jetzigen Generation der Schwulen ist wieder zurück in den Siebzigern, will sich nicht mehr als schwul definieren, sondern als queer – für mich ist dieser queerfeministische Fortschritt ein Rückschritt. Natürlich ist ›schwul‹ ein Label, eher für die anderen gedacht als für einen selbst, aber man muss sich damit versöhnen, wenn man Fortschritte erreichen will.«

Das Berliner Schwulenzentrum, das SchwuZ, wurde für die beiden zur zweiten Heimat – es war insgesamt eine Übergangszeit: »Leute vom 2. Juni hatten sich im SchwuZ versteckt – und nun? Die Bürgerlichen haben sich dann durchgesetzt und sie rausgeschmissen. Ich war im Zwiespalt. Man muss was tun – aber mit der Waffe in der Hand?« Sie taten dann etwas, ohne Waffe.

1978 eröffnete ein aus Christian von Maltzahn, Peter Hedenström, Lothar Lang und Michael Keim bestehendes Kollektiv die Prinz-Eisenherz-Buchhandlung. »Er hat mich gefragt, ob ich nicht mitmachen wolle«, erzählt Bruno Gmünder; das war ein Jahr später, 1979. Schon damals geschäftstüchtig, organisierte Gmünder ein günstiges Berlin-Darlehen, ein Instrument der Wirtschaftsförderung in Zeiten der Mauer. »Im Laden habe ich mich um die Comics gekümmert – um die ›Tom of Finland‹-Bände. Ich war also eigentlich von Anfang an für die Pornos zuständig«, erklärt er selbstironisch: Im Bruno-Gmünder-Verlag erschienen später auch erotische Bildbände und Pornos, weshalb er von Intellektuellen zum Teil kritisiert, zum Teil belächelt wurde.

Die Trennung zwischen Politszene und der sogenannten Sub, also dem eher kommerziell und hedonistisch orientierten Teil der Schwulenszene, ist für Bruno Gmünder ein spezifisch deutsches Phänomen: »In Deutschland war die Schwulenbewegung an die Studentenbewegung angebunden, in den USA an die Bürgerrechtsbewegung.« Die Studenten seien eben verklemmt gewesen, während man in der Sub ungetrübt von Antiamerikanismus und voller Lebensfreude den Vorbildern aus San Francisco und New York nacheiferte: »Die in der Lederszene waren ja am emanzipiertesten, was die Sexualität anging. Da gab es Orgien, überall wurde gefickt.« Auf den ersten Blick verkehrte Welten: Die Foucault lesenden Akademiker warfen den wilden Ledermännern vor, dass sie in »bürgerlichen Erwerbsbiografien« verhaftet seien, während sie selbst sich nicht mal auf die Klappe trauten – oder Angst hatten, dort gesehen zu werden. »Heute hat sich das ja alles ausdifferenziert. Die Fetische haben keine politische Bedeutung mehr. Aber für mich waren die Ledermänner die Helden des Sex, die haben alles gelebt. Sie waren wie Kinder.« Viele von ihnen sind dann an den Folgen von Aids gestorben.

Schon 1978/79 seien die ersten Freunde aus der Lederszene ins Krankenhaus gekommen – ohne dass jemand etwas geahnt hätte. Ob sie tatsächlich an Aids erkrankt waren, lässt sich im Nachhinein nicht sicher sagen. Aber dass sich die Krankheit in Bruno Gmünders Erinnerung schon derart früh gezeigt hat, macht deutlich, was mancher schwule Mann empfunden haben muss, der einer Gefahr entronnen ist, der er – wie der Reiter auf dem Bodensee –, ohne es zu wissen, ausgesetzt gewesen war. »Ich selbst war in dieser Zeit ja noch völlig unbedacht. Wenn Christian in Paris war, bin ich in die Saunen von Berlin. Er war sicher auch in Paris unterwegs, wir haben da nicht drüber gesprochen, aber es war klar.« Dann kamen die ersten Meldungen aus New York, »und ich zuckte zusammen: ›Jetzt bist du dran‹, dachte ich. Aber man wollte auch niemandem zeigen, dass man sich für das Thema interessiert – sonst hätte jemand denken können: Der hat es!« Mit dem *Spiegel*-Titel 1983 erreichte die Bedrohung eine neue Qualität. »Wir gerieten unter Druck, wurden in die Enge getrieben, da war eine aggressive, gefährliche Stimmung. Das Sexualverhalten der Schwulen sollte schuld sein, gleichzeitig wusste man noch nichts Konkretes über die Übertragungswege.«

Es musste etwas geschehen. Bruno Gmünder – die Eisenherz-Buchhandlung hatte er verlassen, mit Christian von Maltzahn seinen eigenen Verlag aufgemacht, in dem unter anderem sehr erfolgreiche schwule Stadtführer erschienen – traf sich mit anderen Aktivisten in der Knolle, damals eine Westberliner Institution (und die erste Berliner Lederkneipe mit Darkroom). Konkrete Fragen waren zu klären: Wie kann man herausfinden, wer betroffen ist, und wie genau entsteht die Krankheit? »1982 hatte es einen Durchbruch in Bezug auf die Impfung gegen Hepatitis A und B gegeben. Wir wussten, dass es in diesem Zusammenhang jede Menge Blutproben von Schwulen gab. Die wollten wir ins Tropeninstitut nach Erlangen schaffen, damit dort genauere Forschungen angestellt werden konnten, dafür brauchten wird Geld. Und wir brauchten angesichts der reißerischen *Spiegel*-Berichterstattung eine mediale Gegenstrategie.« Aus diesen Initiativen heraus entstand schließlich die Deutsche AIDS-Hilfe e.V. Gmünder selbst zog sich später aus dem Geschehen zurück. »Vereinsmeierei ist nichts für mich, ich sagte dann, meldet euch, wenn ihr was braucht. Im Laufe der Geschichte brauchte man meistens Geld.« Er klingt nicht bitter, eher nüchtern. »Es ging einerseits um die gesundheitliche Aufklärung, und andererseits musste verhindert werden, dass es zu einer zusätzlichen Repression schwuler Lebensweisen kommt. Bizarr war allerdings, dass wir zu diesem Zeitpunkt persönlich keinen einzigen Betroffenen kannten.«

Das sollte sich bald ändern, die Gründung der DAH erfolgte gerade noch rechtzeitig. »Es war auch richtig, dass wir dann relativ schnell mit dem Staat kooperiert haben. Wir brauchten diese Unterstützung, weil wir sonst womöglich alle in Lager gesteckt worden wären. Das ist schon interessant; noch ein paar Jahre zuvor hätte ich gesagt: ›Leckt mich alle‹, ich hätte mit dem Staat nichts zu tun haben wollen. Diesen Konflikt gab es nicht nur für mich – es war dann so, dass sich die ›Bürgerlichen‹ durchgesetzt haben.«

Die DAH als zentraler Ansprechpartner kooperierte schließlich mit der Bundeszentrale für Gesundheitliche Aufklärung (BzGA). Konkret ging es darum, die homosexuellen Menschen in der »Szene«, in den Clubs und Saunen, aber auch die Drogenabhängigen und Prostituierten zu erreichen. »Heute ist die AIDS-Hilfe von existenzieller Bedeutung vor allem für die Sozialfälle – aber früher ging es ja um alles. Man hatte auch Angst, dass alles dichtgemacht wird, die ganze Infrastruktur unter die Räder kommt.« In den USA war zu beobachten gewesen, wie schnell das gehen konnte. »Und im Süden war es ja dann auch teilweise so, in München mussten in den Saunen die Türen ausgehängt werden, andere Läden wurden geschlossen.«

»Der Nektar der Freiheit war vergiftet, dabei hatte ich gerade erst daran genippt«, erinnert sich Bruno Gmünder. Er und Christian von Maltzahn fassten für sich den Entschluss, keinen Test zu machen. Damit standen sie nicht allein: Es gab keine Heilung, keine Hoffnung – warum sich also mit einem solchen Wissen belasten? Die beiden konzentrierten sich auf das gemeinsame Leben und die Arbeit im Verlag. »Wir sahen uns als Schicksalsgemeinschaft – man würde ja sehen, was passiert.«

1987 erschien erstmals das Hochglanzmagazin *Männer*[41] im Bruno-Gmünder-Verlag, der auch den *Spartacus International Gay Guide* verlegt, eine Art weltweites Branchenbuch für schwule Infrastruktur, vor dem Aufkommen des Internets ein sensationeller Erfolg. Der Verlag expandierte, wurde international erfolgreich.

Dann, 1992, gaben sie Blutproben bei ihrem Arzt ab, eine Routineuntersuchung. Sie wurden auch auf HIV getestet. »Das Resultat von Christian war positiv.«

»Ihr müsst durchhalten«, hat man ihnen gesagt, einerseits; andererseits hieß es bei einem Nachgespräch: »Höchstens noch zwei Jahre wird er leben.« Panik. Nichts als reine Panik. »Obwohl man ja wusste, dass man betroffen sein könnte. Was sollte nun aus dem Verlag werden? Wir hatten doch gerade ein Büro in den USA eröffnet. Wie wollten wir sterben?«

Beide werden Mitglied bei einer Schweizer Sterbeorganisation. Christian beginnt, Medikamente zu sammeln, mit denen er sich das Leben nehmen kann. Sie wollen vorbereitet sein »für die Tage, in denen die Flecken im Gesicht erscheinen, Freunde sich womöglich abwenden«. Im brandenburgischen Kremmen kaufen sie ein Haus, das sie gemeinsam herrichten. Es liegt in einer ruhigen Seitenstraße mit vielen Bäumen. Mit dem Auto braucht man eine Stunde vom Berliner Stadtzentrum hierher. Es gibt einen bewaldeten See, einen Marktplatz, einen Bahnhof. Sonst nicht viel. Sogar bei Fontane werden in dem Ort nur die Pferde gewechselt, auf dem Weg zum Stechlin.

Kremmen ist ein guter Ort zum Sterben. Doch dann beginnen die beiden zu leben. Und zu reisen: »Christian hat Japanisch in Tokio gelernt, in Kanada haben wir uns von Mücken zerstechen lassen.« Das Büro in Baltimore lösen sie gemeinsam auf. Dann der erste große Erstickungsanfall, in Santa Fe. Eine bakterielle, HIV-spezifische Lungenentzündung. Ein Flug nach Berlin muss rasch organisiert werden, und Christian wird ins AVK eingeliefert, das Auguste-Viktoria-Krankenhaus in Berlin-Schöneberg, damals das größte deutsche Behandlungszentrum für Menschen mit HIV.

Dort kann man nicht viel für ihn tun, die Antibiotika schlagen nicht an. Bruno Gmünder bringt seinen Lebensgefährten nach Kremmen – das Haus zum Sterben, es ist noch nicht fertig umgebaut. Doch Christian von Maltzahn kommt wieder auf die Beine. »Er konnte sogar leichte Gartenarbeit machen – ich selbst bin dann nur noch ein, zwei Tage die Woche in den Verlag gefahren.« Und sie reisen wieder, »mit dem Bus, nach England, Gärten anschauen. Wir hatten immer einen Hartschalenkoffer mit Geräten und Spritzen dabei, er hatte auch einen permanenten Zugang für Infusionen am Arm. Zugleich haben wir versucht, die Medikalisierung unseres Daseins in den Hintergrund zu drängen. Die Leute im Bus waren schon ein bisschen irritiert wegen unserer Ausrüstung, aber das Gute war, dass es alte Menschen waren: Die sind Zipperlein gewohnt.«

Die Zeit der Aids-Krise von Mitte der achtziger bis Mitte der neunziger Jahre ist auch eine Zeit, in der sich die Kultur des Krankseins verändert. Damals hält das Leben paradoxerweise Einzug in die Krankenhäuser: »Auf einmal waren da jede Menge junge Leute – und die haben ja auch Besuch bekommen. Da wurde Musik gemacht und gelacht – das war eine neue Kultur. Vorher gab es nur streng geregelte Besuchszeiten und Blumenvasen.«

Christian von Maltzahn und Bruno Gmünder kämpfen gemeinsam gegen den Tod an. Und es gibt zu diesem Zeitpunkt durchaus Hoffnung. AZT wird in geringerer, nicht mehr lebensbedrohlicher Dosierung verabreicht, es werden erste sogenannte Proteasehemmer zugelassen und 1996 schließlich HAART, die neue Kombinationstherapie. Bei Christian von Maltzahn schlägt sie allerdings nicht an, die Krankheit ist schon zu weit fortgeschritten.

Es fing mit starken Ohrenschmerzen an. Pilze hatten sich im Gehörgang eingenistet, schließlich die Blut-Hirn-Schranke überwunden und das Gehirn befallen. »Ostern 1997 konnte er mit einem Mal nicht mehr sehen. Im Krankenhaus gab es so eine Extrastation, genaugenommen war das ein schäbiger Altbau. Und dann telefoniert da ein Arzt in unserer Gegenwart. Er sagt: ›Der Patient steht kurz vor dem Exitus.‹ Dabei waren wir doch mitten im Kampf. Wir waren ja noch am Kämpfen!« Plötzlich ist die Vergangenheit so gegenwärtig, dass Bruno Gmünder die Stimme versagt.

Der Kampf ging noch eine Weile weiter, bis zuletzt. Bruno Gmünder organisierte einen Krankentransport nach Kremmen, Christians Schwester reiste an. »Wir waren alle wie unter Drogen. Ich weiß noch, dass wir zusammen im Wintergarten gekocht haben. Er sollte wieder auf die Beine kommen – und nachts habe ich ihn mir mit einem Laken umgebunden, damit er nicht aus dem

Bett fällt. Doch am Ende war alles wie Sand, der einem zwischen den Händen zerrinnt.«

Sein letzter Wille war, dass sein Körper verbrannt und die Asche verstreut wird – nicht so einfach angesichts des deutschen Bestattungsrechts mit Urnen- und Friedhofszwang. An dieser Stelle war es dann allerdings vorbei mit der Kooperationsbereitschaft gegenüber den Behörden. »Ich holte seine Urne im Krematorium Westend unter dem Vorwand ab, dass sie in die USA ausgeführt wird. Ich weiß noch, wie herzzerreißend das war, als ich sie in meinen Händen hielt, eine kleine Aluvase mit Namen und Todesdatum – in dem Moment musste ich an den Brief denken, den er mir Ende der Siebziger geschrieben hatte und in dem er mir seine Liebe gestanden hatte. Die zwanzig Jahre mit Christian, sie waren so kurz.«

Fast noch mal zwanzig Jahre sind seitdem vergangen. Bruno Gmünder lebt in einer neuen Partnerschaft. Die beiden reisen viel, die Wintermonate verbringen sie in Australien. »Damals wollte ich nicht mehr weiterleben – ich hatte ja ernsthaft erwogen, die indische Witwe zu machen. Doch das Erste, was der Arzt nach dem Tod von Christian gemacht hat, war, die übriggebliebenen Tabletten einzusacken. Gerettet hat mich in dieser Zeit mein Hund. Den hatte ich mir auf Anraten von Christians Schwester zugelegt.«

Bruno Gmünder hat viele Bekannte und Freunde sterben sehen. »Ein Freund von mir war positiv und hat sich noch Mitte der Neunziger umgebracht. Er war in der Modebranche tätig, in Süddeutschland – aber zur Behandlung ist er immer nach Berlin geflogen, seine Sekretärin durfte nichts davon wissen, niemand durfte etwas wissen. Dieser Druck, dieses Schweigen. Viele haben das mit Kokain überdeckt – eines Tages ist er dann vom Balkon gesprungen.«

Diese Geschichten, die Selbstmorde, das ging noch bis weit in die neunziger Jahre. Nicht selten wollten die Betroffenen so verhindern, dass ihre Familien von der Krankheit erfahren, und ließen ihren Tod wie einen Unfall erscheinen. »In Kremmen haben wir den Nachbarn nicht gesagt, woran Christian erkrankt war, damit sie sich nicht von uns abwenden. Und wenn du positiv bist, kannst du dir auch heute nicht sicher sein, dass niemand sein Glas desinfiziert, wenn du ihm sagst, dass du daraus getrunken hast.« Bruno Gmünder ist nun wütend: »Aids, das hat eine ganze Generation verbogen. All diese deformierten, traumatisierten Menschen.«

Im letzten Jahr hatte Bruno Gmünder Krebs. Er hat ihn überstanden: »Alle Nachbarn hier im Haus haben mich darauf angesprochen und mir Mut gemacht. Es gab Kuchen für mich und Blumen. Da zeigt sich die Gesellschaft solidarisch – bei Aids tritt das Gegenteil ein. Das ist ein Unterschied ums Ganze.«

Auch im Rückblick verklären sich die Dinge für Bruno Gmünder nicht, da ist kein mildes Licht. »Wir als Schwule haben uns gut geschlagen, die Gesellschaft hat – wenn man von Bayern absieht – einigermaßen fair reagiert. Aber eigentlich ging es eben nur darum, dass die Seuche nicht von der Randgruppe in die Mehrheitsgesellschaft dringt. Das, was Rita Süssmuth damals geleistet hat, hatte mehr mit merkelscher Pragmatik zu tun als mit Empathie.«

Die Kosten der Freiheit: Jan Feddersen

Als die große Sturmflut 1962 die Freie und Hansestadt Hamburg bedrängte und mehr als dreihundert Menschenleben forderte, war Jan Feddersen viereinhalb Jahre alt. »Genaugenommen war diese Katastrophe für mich im Nachhinein ein eher positives Erlebnis – in der Nacht der Flut, wir lebten im Hafengebiet, waren meine beiden Eltern da, das gab es nicht so oft.« Der Vater war Kranführer, die Mutter Krankenschwester, und zu Hause war nicht immer alles eitel Sonnenschein.

Jan Feddersen, heute Journalist bei der Berliner *tageszeitung* und bekannt als Eurovision-Song-Contest-Experte, ist trotz seines Umzugs nach Berlin in den Neunzigern im Grunde Hamburger geblieben. Er lebt mit seinem Mann in einer Pendelbeziehung zwischen den beiden Metropolen. Wir treffen uns am Hamburger Bahnhof Dammtor. In ganz Deutschland gibt es gerade einen Hype um Udo Lindenberg, der siebzig geworden ist. »›Hoch im Norden‹ war ein Flash damals. Vor Lindenberg war es ja uncool, auf Deutsch zu singen. Und er hat dann gleich die ganze Sprache revolutioniert. Kontrolletti, alles paletti. Er hat sich nicht um stubenreine Sprache gekümmert, und das wurde auch lesbar Teil der Alltagskultur. Lindenberg war nie ein Zyniker, kein Arschloch. Und er war auch nicht homophob.«

Der Song, an den sich Jan Feddersen erinnert, stammt aus dem Jahr 1972, da war er fünfzehn und pubertierend, während sich Lindenberg im angesagten Eppendorfer Jazzlokal Onkel Pö herumtrieb. »Ich stand zu der Zeit ja schon eher auf Glam. Petula Clark war für mich extrem wichtig, ihr Haarspray subversiv, und ›Downtown‹ ein radikaler Song. Er wurde von Schwulen produziert und hatte keine andere Aussage als: Krieg deinen Arsch hoch und geh in die Stadt. Ich wollte nie ins bürgerliche Eppendorf – ich wollte ins Licht, nach St. Pauli zum Beispiel.«

Jan Feddersens Erzählung der siebziger Jahre ist heute in vielen Teilen eine andere als die der »Rosa Radikalen«, der Schwulenbewegung, die an das studentisch-akademische Milieu angelehnt war. Seine dissidente Haltung begründet er auch mit seiner Herkunft: »Spargel gab es bei uns zu Hause nie, mein Vater mochte dieses Gemüse nicht. Dafür waren Dosenerdbeeren eine Droge – und das Höchste waren Wiener Würstchen am Imbiss.« Feddersen stammt aus sogenannten einfachen Verhältnissen, er selbst sagt »Proll«, »denn die Verhältnisse waren nicht kommod«. Das Buch, das er gern noch schreiben würde, wäre eine »klassengesättigte Geschichte der Homosexualität, eine, die die Mittelschicht nicht für das Ganze nimmt. Jenseits der Studentenbewegung.« Er arbeitete nach der Schule zunächst als Verlagskaufmann, Möbelverkäufer, Versicherungskartensortierer und Postbote, bevor er – auf dem »zweiten Bildungsweg« – nach einem Studium an der Hamburger Hochschule für Wirtschaft und Politik selbst akademisiert wurde.

In raschem Gang durchqueren wir die Innenstadt, vorbei am Daniel Wischer, dem traditionellen Fischrestaurant, vorbei am Finanzamt, in dem Feddersen einmal erklären musste, warum er »beruflich« Hunderte von CDs mit skandinavischem Schlager, finnischem Tango und aserbaidschanischem Pop erwerben musste und steuerlich absetzbar machte.

Es ist später Nachmittag, wir kehren im Café Spund ein, einer schwulen Hamburger Institution. Die Einrichtung der kleinen Bar erinnert an ein Wimmelbild. Überall hängen Bilder und Spiegel, Pflanzen wuchern, im hinteren Bereich gibt es einen Wintergarten. Das Publikum des 1974 von Jürgen Hauptmann als erstes schwules Tagescafé eröffneten Lokals ist mit dem gemütlichen Etablissement gealtert.[42] Auch Jurek, der heterosexuelle Barkeeper aus Polen mit dem Schnurrbart und der stramm sitzenden Jeans, ist nicht mehr dreißig, aber noch gut in Schuss. »Den wollten damals alle«, lacht Jan Feddersen und bestellt ein Mineralwasser.

»Vor dem Spundloch, der Kneipe auf St. Pauli, hatte ich Angst, da saßen NDR-Redakteure, Angestellte mit Oberhemd oder Modedesigner, deren kulturelle Codes ich nicht draufhatte.« Erst viel später, als er selbst Student wurde, merkte er, dass im Café Spund auch »normale Leute« verkehrten. »Es gibt keinen Darkroom hier, aber das Erotische ist da. Ich bin nie Darkroom-Gänger gewesen, da bekomme ich Erektionsstörungen. Ich brauche einen Kontakt, ich mag Leute nicht einfach nur benutzen. Und hier konnte ich auch lesen. Die anderen waren eher im Café Gnosa«, ebenfalls eine Hamburger Homo-Institution, in St. Georg, unweit des Hauptbahnhofs gelegen. Die anderen, das sind für Jan Feddersen die besser Situierten, die Kunst- und Kulturschwulen aus den bürgerlichen Elternhäusern oder solche, die »so tun, als wären die Löffel in der Kinderstube zumindest vergoldet gewesen«. Jan Feddersens Coming-out bei der eigenen Familie war nicht ohne Reibungen verlaufen – nachdem ihn seine Eltern »gar nicht ernst genommen hatten«, nahm Feddersen an der Aufsehen erregenden *Stern*-Aktion »Wir sind schwul« im Jahr 1978 teil, »so hatten sie dann keine Chance mehr, meine Homosexualität zu ignorieren«.

Jurek sorgt auch für die Musik, es läuft »Come on Eileen« von den Dexys Midnight Runners, ein Hit aus dem Jahr 1982. Zu jener Zeit nahm Jan Feddersens Leben eine andere Richtung. Ein Jahr zuvor war seine Mutter gestorben, ein existenzieller Schock, der ihn zwang, sich neu zu organisieren: Er wurde Student der Soziologie an der Hochschule für Wirtschaft und Politik, damals eine gewerkschaftsnahe Institution. Ralf Dahrendorf hat hier gelehrt, Hans-Olaf Henkel und Björn Engholm sind prominente Absolventen. »Klassische Musik ist wie Fußball: Mit zwanzig ist es zu spät, um in diesen Disziplinen Fuß zu fassen, sie bis in Details zu verstehen«, sagt Feddersen und spielt damit auf die mehr oder weniger subtilen Ausschlussmechanismen der Mittelschicht an, »die Achtundsechziger haben nicht umsonst auf das Kino und die Fotografie rekurriert – in Abgrenzung zum klassischen Bürgertum.«

Feddersen hatte sich selbst ermächtigt, den Weg des sozialen Aufstiegs über Bildung gewagt.

Beim Coming-out hatte ihm zuvor die Schwulenbewegung geholfen, dann wurde er ein Teil von ihr. »Ich war im Kommunistischen Bund, bei der K-Gruppe, die Teil der ›Bunten Liste/Wehrt euch‹ werden sollte und von der einige sich später auf die Grünen einließen. Und die Schwulengruppe im KB war die ›AG Sexualität‹. Die schönsten Männer waren allerdings bei der HuK, dem Arbeitskreis Homosexualität und Kirche.« Während man innerhalb der K-Gruppen noch diskutierte, ob es sich bei dem Problem der Gleichstellung der Homosexuellen nicht um einen »Nebenwiderspruch« handelte, dessen man sich leider aus Zeit- und Kapazitätsmangel erst nach der Weltrevolution annehmen könnte, rang der junge Mann darum, sich überhaupt in die Szene, die Sub zu trauen, die es ja auch ohne theoretischen Überbau gab: das Spundloch in St. Pauli, das Chaps oder Tom's Saloon. »Ich hatte Angst vor dem Kommerziellen – vor allem auch, weil ich mich nicht attraktiv gefühlt habe. Ich fürchtete, mich zu blamieren. Es hat Jahre gedauert, bis ich ein gutes Gefühl für meinen Körper hatte.«

Es war die große Zeit der HAH, der Homosexuellen Aktion Hamburg. 1980 zerschlug der Künstler und spätere Präsident des FC St. Pauli Corny Littmann einen Spiegel in der öffentlichen Toilette am Jungfernstieg, hinter dem sich ein Raum der Polizei befand. Von dort aus hatten Beamte bis dato durch ein Spezialglas die Urinale beobachtet, um Homosexuelle auf frischer Tat bei »sittenwidrigen Handlungen« ertappen zu können (anschließende Hausverbote wurden beim Gartenbauamt Hamburg-Mitte registriert). Feddersen war mit dabei. Und im selben Jahr organisierte er die erste Hamburger »Stonewall-Aktionswoche« mit, bei der 1500 Männer und Frauen unter dem Motto »Gegen die Diskriminierung der Homosexuellen. Wir sind viele« durch die Innenstadt zogen – zum elften Jahrestag des New Yorker Stonewall-Aufstands hatten die Hamburger Aktionsgruppen sich zum Hamburger Lesben- und Schwulenverband (HLSV) zusammengeschlossen, um die »Gay Pride Week« nach amerikanischem Vorbild zu organisieren.[43] 1981 war Feddersen mit der Bewegung auf dem Evangelischen Kirchentag. »Es gab ein Kommunikationszentrum, das war ein wichtiger Schritt. Wir hatten mit wenigen gerechnet, aber es wurden über drei Tage tausend. Wenig später war ich übersättigt, was die Bewegung angeht, andere haben dann das Feld übernommen. Ich wollte mich auch um mein Studium kümmern. Im Nachhinein denke ich, dass ich in den ersten Jahres meines Coming-outs meinen auch vorhandenen Selbsthass ins Aktivistische gedreht habe. Und meine Panik, als Aids aufkam, kam auch daher, dass ich so lebenshungrig war – ja, gierig nach allem, was kommen könnte im Leben. Und Aids, das war der Tod.«

Als »Come on Eileen« nun schon zum zweiten Mal erklingt, verlassen wir das Café Spund. In die Apollo-Sauna soll es gehen, Jan Feddersen hat den Ort gewählt, weil er aus seiner Sicht für eine bestimmte Zeit steht, seine eigene Hochzeit promisker Sexualität, die zugleich eine Hochzeit war für Aids, »für mich kam das alles zusammen«. 1981 hat die Sauna eröffnet, »Die Apollo war mehr eine Bierschwemme, hier gab es kein Prosecco-Getue. Damals kamen auch Apfelbauern aus dem Alten Land her. Über Aids hat man hier nicht gesprochen. Aber es war schon so, dass Leute plötzlich verschwunden sind. Man hat sie einfach nicht mehr gesehen.«

Die Sauna ist ein wenig in die Jahre gekommen. Kein modernes Wellnessdesign, keine Glasgefäße mit asiatischen Blütenarrangements. Stattdessen ein leichter Geruch von Schimmel, wie er unvermeidlich ist in Gemäuern, die über Jahrzehnte Nassräume beherbergen. Poppige Drucke an den Wänden, dem Willen geschuldet, einen Ort etwas nett zu gestalten, bei dem es vordergründig um Entspannung im Dampfbad geht und eigentlich um den handfesten Austausch von Körperlichkeiten in den abschließbaren Kabinen – oder gleich im schummrigen Dampfraum. Das Verruchte, Abenteuerliche, Verheißungsvolle des Ortes wird immer wieder durchbrochen von Elementen liebenswerter Trutschigkeit. Die Fruchtaromaseife aus dem Plastikspender vom Discounter, die nach Weichspüler riechenden Frotteehandtücher.

Wir sitzen im ungeheizten Raucherzimmer der Sauna; früher durfte man überall rauchen, seit Einführung der Rauchverbote nur noch in einem Raum im Souterrain mit halb geöffnetem Fenster. Herren mit unklarer Herkunft sitzen hier, bloß ein Handtuch um die Hüften. Sind es Bankdirektoren oder Müllwerker? Solange sie nicht sprechen, kann höchstens die Beschaffenheit ihrer Hände einen Hinweis geben. Was in diesen Räumlichkeiten geschieht, bleibt in der Regel auch hier, wabert höchstens als Gerücht umher, so wie die Erzählungen aus dem Club Uhlenhorst, der längst geschlossenen Schwulensauna, in der sich einst ein bekannter Nachrichtensprecher regelmäßig vergessen haben soll – es war in der Zeit, in der Erpressungen noch an der Tagesordnung waren, weil die meisten in der Öffentlichkeit stehenden Schwulen partout nicht wollten, dass ihre sexuelle Orientierung bekannt wird. »Ich bin ein einziges Mal in meinem Leben halb erpressbar gewesen«, sagt Jan Feddersen unvermittelt, »und zwar als ich Redakteur bei der *Zeit* war. Das war eine andere Liga. Diese Hamburger Medienaristokratie. Auch das mit dem Schwulsein hatte dort eine andere Dimension. Natürlich gab es Raddatz, der mit großer Geste in der Redaktionskonferenz saß, rauchend. Aber in diesem Milieu wurde erwartet, dass man das Schwule bedeckt hält. Ich neige nicht dazu, Stress körperlich auszutragen, und bei der *Zeit* hatte ich immer Aids« – Jan Feddersen hält inne. Er wollte eigentlich sagen, dass er damals unter ständigen Herpes-Attacken litt. Als Kenner Sigmund Freuds und seiner Aussagen zu unbewusst sprechenden Versprechern weiß er, was ihm gerade unterlaufen ist.

Jan Feddersen wurde verschont, er infizierte sich nicht mit dem HI-Virus. Obwohl er sich in der riskanten Zeit gerne am Bahnhof Dammtor herumtrieb. Dort wurde gecruised, im »Tabakgärtchen«: Fremde Männer gehen »spazieren«, blicken einander in die Augen – oder eben nicht. Der eine geht ein Stück vor, der andere folgt – oder eben nicht. Ein seltsamer, anmutiger Tanz, der so wohl schon immer aufgeführt wurde, ohne dass jemand eine Choreografie dafür erfunden hätte. »Einmal hat mir dort ein, wie sich herausstellte, absolut ungeouteter Bundeswehrsoldat einen geblasen, und dann kam plötzlich die Polizei. Cruising war ein Abenteuer, immer schon. Und das ging ja alles weiter, trotz HIV.«

Jan Feddersen hatte Glück. »Auch das«, sagt er, »denn die AIDS-Hilfe hat damals aus pädagogischen Gründen gelogen, wie ich vermutete. Dass man es nicht sieht. Man konnte, glaubte ich, sehr wohl sehen, ob jemand infiziert war. Außerdem habe ich die Lederszene gemieden – die Leute, das wusste man und so fantasierte ich, fuhren regelmäßig in die USA. Leder, das war für mich immer wie Travestie, das konnte ich sowieso nie wirklich ernst nehmen.«

»Völliger Quatsch«, mischt sich ein Fremder vom Nebentisch ein, ungefragt. Er raucht eine Filterzigarette, hat einen starken Hamburger Akzent. Immer wieder unterbricht er, wenn Jan Feddersen über das Hamburg der Achtziger spricht, um (»Ich bin auch Zeitzeuge!«) von Sperrmüll-Jenny zu erzählen (»die hatte eine riesige Wohnung, voll mit Gründerzeitmöbeln«) oder von Amanda, der »Königin des Schulterblatts«, die erst vor Kurzem gestorben ist (»unter schwierigen Umständen, sie war nicht krankenversichert«). *Oral history*, das sind viele Einzelstimmen und Perspektiven, es droht die Kakophonie. »Völliger Quatsch«, wiederholt der Mann.

Kritik ist Jan Feddersen als meinungsstarker Journalist gewohnt. »Angefeindet wurde ich speziell ab dem Zeitpunkt, als es um die Homo-Ehe ging. Ich hatte mich damals schon gefragt: Warum formulieren wir unsere Wünsche immer so defensiv? Warum entwickeln wir nicht eine tatsächliche Agenda der rechtlichen Gleichstellung? Der Streit dauert bis heute: Es hieß, die Ehe sei spießig und die Homos seien von Natur aus dazu geschaffen, schräg, verrückt, kreativ und links zu sein. Das hat aber noch nie gestimmt – und was die Ehe angeht: Ich kann auf ein Recht nur verzichten, wenn ich es habe, oder?« Es ist der alte Konflikt: Revolution oder Integration?

»Ich wollte nie Nische allein«, sagt Feddersen entschieden, »und wenn man gleiche Rechte hat, entfällt auch die Selbstpropaganda. Dieses ganze Vorschreiben eines Kanons, dieses Schwülstige. Das hat sich alles erledigt, wenn echte Gleichheit da ist. Was nicht heißt, dass die schwule Kultur aussterben würde, vielleicht sogar im Gegenteil.« Seit je wohnt der Emanzipationsbewegung der paradoxe Wunsch nach Selbstauflösung inne. »Diese ganze Verherrlichung der Klappen, das Hochjazzen der Promiskuität – und was ist mit dem Elend? Dem Sich-schlecht-Fühlen? Der emotionalen Abgestumpftheit? Und eben nicht zuletzt: den Krankheiten, die man sich da holt. Ich habe so lange gebraucht, um Sex wirklich gut zu finden.«

Den *Spiegel*-Artikel aus dem Jahr 1983 – in der Schwulenszene war sein Erscheinen so etwas wie der Einschlag eines Kometen, etwas, das man biografisch verorten kann – hat er an einem schwulen Strand gelesen. »In Maschen, an einem Nebenfluss der Elbe. Ein komischer Sommerabend war das, eine seltsame, unschöne Atmosphäre. Wenig souveräne Homosexuelle, die fast schon um Sex bettelten. Dieser Artikel, der hat mir dann zu denken gegeben, insgesamt. Aids, das hat einem wirklich den Boden unter den Füßen weggezogen. Es war wie eine Lähmung. Ich fühlte mich betrogen, und ich hatte eine Todesangst. Zugleich gab es ja diese Hingabe an den eigenen Körper, die Entdeckung des Selbst und der eigenen Bedürfnisse.«

Einen Aids-Test hat Jan Feddersen erst Ende 1994 gemacht, die Angst war bis dahin einfach zu groß. Er weiß, dass er hätte Pech haben können – und ist doch überzeugt, dass er nur noch lebt, weil er auch gut auf sich aufgepasst hat. »Ich wusste rational, dass ich nicht positiv sein konnte, ich hatte viel dafür getan, die Infektionsmöglichkeiten gering zu halten. Aber als ich erfuhr, dass ich negativ bin, brach ich in Tränen aus. Es war ein Weinen, das die bilanziert vermiedene Gefahr anzeigte. Aber es war auch ein Weinen darüber, dass ich weiterleben darf. Es gab einfach so viele von uns, die wirklich suizidal unterwegs waren. Foucault zum Beispiel, davon bin ich manchmal überzeugt. Manche haben sich mit Absicht zu Tode gefickt. Die wollten sterben, weil sie sich gehasst haben, gehasst, weil sie schwul sind – als ob ihr eigenes So-Sein kein langes Leben verdient. Es macht mich nachgerade zornig, darüber zu sprechen. Wenn es nach mir ginge, könnte ich dreihundert Jahre alt werden. Ich mag das Leben sehr. Auch das war Aids für mich: dass ich noch lange nicht fertig gelebt hatte.«

Er ist damals weiter in die Apollo-Sauna gegangen. »Man hat aufgepasst. Auch wenn es mir nie wirklich gelungen ist, das Kondom zu fetischisieren.« Auf »Jackoff-Partys« dagegen, bei denen nur onaniert wurde, war er nur einmal. »Die hatten eigentlich nichts mit Safer Sex zu tun, das war Ende der Siebziger ein Mittel gegen die Ausweglosigkeit des Höher, Schneller, Weiter der damaligen Schwulenszene. Man saß bei Neonlicht, Ficken war verboten, Kuscheln erlaubt, alle sollten auf ein Niveau gebracht werden – wieder mal. Das sollte der Erotisierung dienen, eher so New Age, Hippie-Style.«

Die Sauna ist nun gähnend leer, nur noch ein, zwei Männer geistern durch die Kellerräume. Wir duschen mit der Discounter-Seife, trocknen uns mit den Frotteehandtüchern ab und gehen wieder raus in den Hamburger Sommerabend. Es ist die blaue Stunde, die Stadt fängt jetzt an, richtig zu vibrieren. Die Jugend hat sich aufgebrezelt. Die Jungs waren noch im Fitnessstudio, die Mädels haben Stunden damit zugebracht, sich so herzurichten, als seien sie gerade eben, umwerfend aussehend, vom Sofa aufgestanden.

Junge Deutschtürken paradieren mit ihren Autos durch die Straße, Flaggen werden geschwenkt, es ist was mit Fußball.

»Jetzt mal zum Bismarck-Denkmal, schwarze Schwänze lutschen – so ähnlich hat das Hubert Fichte ja beschrieben«, sagt Feddersen. Wir gehen nachschauen, ob es das Spundloch auf St. Pauli noch gibt. Es ist alles verrammelt, vor Kurzem wurde es geschlossen.

Stattdessen essen wir Bei Schorsch Schaschlik, Currywurst und Kartoffelsalat – alles auf einmal, Jan Feddersens Stammessen für den großen Hunger. Dazu Ananaslimonade aus Hamburger Produktion. Man kennt sich auf dem Kiez, Jan Feddersen trifft Leute auf jedem halben Meter: »Auch mal wieder in der Stadt?« Weiter geht es zum Schulterblatt, dem »Jungfernstieg der Prolls«, wie Feddersen sagt. Das Schanzenviertel, vorbei am Romana und am linken Buchladen, den es immer noch gibt. Erinnerungen werden wach: »Die Tuntenbälle in dieser Zeit, das war nichts für die neue Generation der Schwulen, die sich schon befreit hatten. Dahin gingen eher die Beladenen, die die schlimmen Zeiten der Fünfziger und Sechziger erlebt hatten – wenn man sein Coming-out 1985 hatte, dann fand man Nina Hagen gut, nicht Zarah Leander.«

Jan Feddersen kann sich noch sehr gut an die Zange erinnern, in der die Schwulen damals zappelten, »genau zwischen der Befreiung der Siebziger und der Katastrophe von Aids. Es war ein großes Sterben, und zugleich war die Bewegung längst auf dem Siegeszug.« Es seien die »neuen Schwulen« gewesen, die dann die Aids-Hilfen ins Leben gerufen hätten, »die, deren Eltern den Zweiten Weltkrieg schon nicht mehr aktiv mitgemacht hatten. Da sind nicht wenige Leute in Lohn und Brot gekommen, es war ja die Ära Kohl und damit auch die große Zeit der Arbeitsbeschaffungsmaßnahmen.« Damals gab es, infolge der sozialdemokratischen Bildungsreform, erstmals arbeitslose Akademiker, darunter besonders viele Geisteswissenschaftler, nicht selten Nachwuchsakademiker einfacherer Herkunft. »Und die Aids-Hilfen – in Hamburg gab es die klassische Aids-Hilfe und außerdem die Aids-Beratungsstelle, beide zueinander inkompatibel – waren auch mit ABM-Maßnahmen bestückt«, präzisiert Feddersen.

Wir setzen uns in eine Bar unweit der ehemaligen Montblanc-Füllerfabrik, ein Gebäude, das einst vom Hamburger Senat Nachwuchskünstlern zur Verfügung gestellt wurde, ein Gentrifizierungsmotor. Jan Feddersen sagt, dass er gar nicht auf so vielen Beerdigungen war. »Ich kannte da nicht so viele.« Es klingt ein wenig wie der Versuch, dem Grauen wenigstens im Nachhinein ferngeblieben zu sein. »Anfang der Neunziger, das war nach meiner Erinnerung die Hochzeit des Sterbens. Da war ein Mann, mit dem ich Sex hatte – und der hat sich dann vier Tag später von der Brücke gestürzt. Hatte der Aids? Ich weiß es bis heute nicht.«

1996, als die Wirksamkeit von HAART bekannt wurde, war Jan Feddersen schon in Berlin, die langjährige Beziehung zu seinem zweiten Lebensgefährten war zerbrochen. »HAART, das war wie eine mentalitäre Erfrischung – aber das Dunkle, die Angst, das blieb.« Er erinnert sich an eine Begegnung in Schweden, mit einem sehr sympathischen Mann, der ihm dann gestand, positiv zu sein, »ich konnte das dann nicht, ich wollte nicht – da war einfach nur Panik. Das ist mir später noch einmal passiert, ich hatte mich regelrecht verguckt in einen Mann, der positiv war – aber als ich es erfuhr, war es vorbei. Und das ist mir dann auch umgekehrt passiert: Jemand dachte, ich sei positiv, und hat sich von mir getrennt.«

»Eines muss man festhalten«, sagt Jan Feddersen, als wir bezahlt haben und aufbrechen wollen, »Aids ist ein Scheißdreck. Aids – da war ich so jung und lebenshungrig – so von wegen: Die Party namens Leben, die ich immer so ernst genommen habe, ging doch gerade erst los, nachdem ich den wesentlichen Schutt aus Kinder- und Jugendtagen weggeräumt hatte. Durch Aids konnte man seine Sexualität nicht mehr leben, und weil die ein zentraler Aspekt der schwulen Identität ist, konnte man auch die Identität nicht mehr leben.«

Jan Feddersen zündet sich noch eine letzte Zigarette an, blickt für einen Moment ins Nichts. Dann sagt er: »Ich war 1983 sechs Jahre out – und immer noch in jeder Hinsicht auf der Suche. Auch nach dem, was mir sexuell guttut. Das war insofern alles ein Schock. Moralisch hat mich das alles nicht interessiert. Ich habe auch damals öffentlich und offen über Sex geredet. Aber man konnte einen anderen nicht begehren, ohne nicht zugleich Angst zu haben. Die coole Position ist ja immer gewesen, meine auch: Du bist selbst verantwortlich für Ansteckung, also war ich auch immer dagegen, dass HIV-Positive moralisch oder rechtlich behelligt werden, wenn sie ihren HIV-Status nicht offenlegten. Aids hat wesentliche Teile der schwulen Sexmöglichkeiten mit einem giftigen Filter versehen: Achtung, Gefahr! Irre, oder?«

Wenn die Scheinwerfer aus sind: Wieland Speck

Die Berlinale ist gerade zu Ende gegangen, die Filmfestspiele, die ein wenig Licht in das winterliche Dunkel der einstigen preußischen Hauptstadt bringen wie andernorts der Karneval. Glamour und Glitzer, Weltstars, Trubel – und am hellsten leuchtet es stets, wenn Teddy-Verleihung ist. Der weltweit erste und erfolgreichste queere Filmpreis, der auf einem sogenannten A-Festival vergeben wird, ist in jedem Jahr der informelle Höhepunkt der Berlinale. Jeder will dabei sein, wenn er am Vorabend der offiziellen Bärenverleihung überreicht wird – und ohne den Teddy könnte die offizielle Berlinale weniger glaubwürdig versichern, dass sie das politischere unter den Filmfestivals ist.

Das Gesicht des Teddy-Awards ist seit seiner Gründung 1987 Wieland Speck. Selbst Schauspieler, selbst Regisseur und – einem queeren Festival angemessen – selbst schwul. »Nach dem Festival ist meine Seele immer so wund, das ist eine gute Zeit, das Eingemachte anzusehen. Hab viel Zeit grade, also, wie es dir passt«, antwortet er spontan auf die Mail mit der Frage, ob er bereit sei, sich im Rahmen eines Buchprojekts an Aids zu erinnern.

Noch wohnt Wieland Speck in der Grainauer Straße im Bezirk Charlottenburg-Wilmersdorf, auf der einen Seite ist die Schöneberger Motzstraße nicht weit, auf der anderen Seite die Universität der Künste nah. Seit er siebzehn war, lebte er in Wohngemeinschaften. Nun sucht er »was Neues«, die Kommune hat sich aufgelöst, nach Jahrzehnten. Eine typische Berliner Altbauwohnung mit Holzböden, hohen Decken, Stuck. Verwinkelt, im Zentrum ein Berliner (Eck-)Zimmer mit Gemeinschaftsküche und einem großen Tresen.

Speck ist alleine in der riesigen Wohnung, bald wird er auch alleine wohnen, »zum ersten Mal nach vierzig Jahren Emanzipationskommune, aber wenn ich jetzt daran festhalte, wird es konservativ«. Er hat seinen Rentenbescheid bekommen, siebenhundert Euro monatlich. »Gut, dass ich damals in die Künstlersozialkasse eingetreten bin«, erklärt er lachend. Das war 1985, nachdem er Regie bei *Westler* geführt hatte, teilweise in Ostberlin mit versteckter Kamera gedreht, für heute unglaubliche 180 000 Mark. »Auch wegen dieses Films hat dann die Stasi eine Akte über mich angelegt.« *Westler* wurde innerhalb der Reihe *Das kleine Fernsehspiel* im ZDF ausgestrahlt: Ein Westberliner verliebt sich in einen Ostberliner, eine deutsch-deutsche Liebesgeschichte. »Die Aids-Szenen wurden bereits im Drehbuch eliminiert, dabei waren die extra für den Osten gedacht, es war ja klar, dass man den Film dort im Fernsehen sehen würde.«

1985, das war auch das Jahr, in dem der Schauspieler Rock Hudson an Aids erkrankte. Der Fall war so prominent, dass wirklich niemand mehr wegsehen konnte. Und die Ereignisse waren von einiger Dramatik: Nachdem er eine Behandlung in Paris erfolglos abbrechen muss und seine Assistentin Hudsons Erkrankung per Pressemitteilung öffentlich gemacht hat, erweist sich die Heimreise nach Los Angeles als schwierig – niemand will mit dem Todkranken in einem Flugzeug sitzen. Seine Assistentin chartert daraufhin für 250 000 Dollar eine komplette Boeing 747 der Air France. Die leicht unscharfen Fernsehbilder gehen um die Welt. Rock Hudson, einer der beliebtesten Schauspieler des 20. Jahrhunderts, wird in einem fahrbaren Krankenbett in den wartenden Jumbo gebracht. Ausgerechnet er, der aufgrund seiner Prominenz nicht zu den Normalsterblichen zählte, er, der zusammen mit seiner Filmpartnerin Doris Day als heterosexuelles Liebespaar unsterblich geworden war, ausgerechnet dieser Mann war nun schwul und starb an Aids.

Zuletzt hatte er in einer der erfolgreichsten TV-Serien dieser Zeit mitgespielt, *Dynasty*, eine Serie, die die Welt in den achtziger Jahren auf den Neoliberalismus vorbereitete (Superreiche sind auch nur Menschen mit Gefühlen) und deren einziger schwuler Charakter, Steven Carrington, zwangsheterosexualisiert wurde, weil einige Werbekunden gedroht hatten abzuspringen. Am Ende aber war die größte Rolle, die Rock Hudson je gespielt hatte, die seines eigenen Lebens: Er hatte sowohl den Schwulen als auch der Krankheit Aids ein Gesicht verliehen und so zur Emanzipation dieser Minderheit beigetragen. Im September 1985 rief seine enge Freundin Elizabeth Taylor auch ihm zu Ehren die erste Aids-Benefiz-Gala ins Leben. Dort las Schauspielerkollege Burt Lancaster ein Telegramm von Hudson vor: »Ich bin nicht froh, dass ich krank bin. Ich bin nicht froh, dass ich Aids habe. Aber wenn es anderen hilft, weiß ich wenigstens, dass mein Unglück einen Sinn hatte.« Kurz darauf, am 2. Oktober 1985, starb Hudson im Alter von 59 Jahren. 2016 widmete ihm das Berliner Schwule Museum* eine Ausstellung.

Die Schiebetür zwischen der Küche und dem Wohnzimmer gibt es nicht mehr, »die wurde wahrscheinlich nach dem Krieg verheizt«. Gleich rechts daneben hat Wieland Speck einen kleinen Altar aufgebaut, mit Bildern, Fotos, Erinnerungsstücken von Freunden, die er verloren hat, viele in den Jahren zwischen 1988 und 1996. »Zuvor hatte ich schon mehrere Sommer im Krankenhaus verbracht, bei sterbenden Freunden. Ich denke, Aids hat mich rund zehn Jahre meines Lebens gekostet. Und dann die Erschöpfung danach.«

Auch ein kleiner Teddy-Award ist unter den Erinnerungsstücken, der Preis, den er ins Leben gerufen hat, gemeinsam mit Manfred Salzgeber. Ihn hat Wieland Speck ebenfalls durch Aids verloren, im Jahr 1994. Salzgeber war einer der Gründerväter der deutschen Schwulenbewegung – in dem von ihm mitgegründeten Kino *Arsenal* fanden Anfang der siebziger Jahre die ersten Treffen der HAW statt, der Homosexuellen Aktion Westberlin. In Rosa von Praunheims *Nicht der Homosexuelle ist pervers* hatte Salzgeber mitgespielt, war Mitbegründer des Internationalen Forums des

Jungen Films. Später leitete er die Sektion Panorama der Filmfestspiele und gründete den Filmverleih Edition Salzgeber (heute Salzgeber & Co. Medien GmbH). In Berlin kannte man ihn als Retter und Betreiber mehrerer Traditionskinos, darunter das erste deutsche Programmkino überhaupt, das Bali in Berlin-Zehlendorf, sowie das Yorck und das Tali (heute Moviemento) in Kreuzberg.

Salzgeber hatte sich ab 1985 auf Aids-Themen fokussiert, Arbeiten gefördert, die sonst nicht gezeigt worden wären. Im Spätherbst des Jahres 1984 war er auf einen Spielfilm zum Thema Aids aufmerksam geworden, den zu diesem Zeitpunkt kein anderer Verleih und erst recht kein Sender bereit war, ins Programm zu nehmen – das Aids-Drama *Buddies* des amerikanischen Regisseurs Arthur J. Bressan, der zwei Jahre nach Veröffentlichung des Films selbst an den Folgen seiner HIV-Infektion starb, wurde zum Grundstein der Edition Salzgeber.

Das Hollywood-Kino brauchte noch einige Zeit, bis es den Mut fand, das Thema HIV aufzugreifen: 1993 war das, und der Film hieß *Philadelphia*. Die Hauptrollen spielten Tom Hanks und Denzel Washington, Regie führte Jonathan Demme, der Titelsong von Bruce Springsteen wurde zum Welthit. »Was für ein peinlicher Film, eineinhalb Stunden haben sie um einen Kuss zwischen dem Hauptdarsteller und seinem Lebensgefährten herumgedreht.« Schon das war seinerzeit zu viel für christliche Fundamentalisten, die in den USA Sturm liefen gegen *Philadelphia* – zu positiv wurden Homosexuelle darin in ihren Augen dargestellt. Trotz oder gerade wegen seiner »Verklemmtheit« erreichte *Philadelphia* eine deutlich stärkere Resonanz bei der Mehrheitsgesellschaft als der weit authentischere und von der Kritik einhellig gelobte Film *Longtime Companions* aus dem Jahr 1989.

Wieland Speck war nach *Westler* auch mit ganz anderen Filmproduktionen beschäftigt. 1989 drehte er Pornoclips, in denen Präservative benutzt wurden: »Über Gummis haben wir ja nur gelacht vorher – und nun mussten wir dafür sorgen, dass sie auch erotisch gelesen, ein Teil der Sexualität werden konnten.« Es waren kleine Vorfilme, die von den Pornoverleihern vor die Hauptfilme geschnitten wurden. »Max Goldt hat damals auch mitgemacht« – er führte die Zuschauer im Stil eines Nachrichtensprechers in die Materie ein –, »später hat dann die Aids-Hilfe das offiziell finanziert.« Die Filme wurden in ganz Europa gezeigt, auch in Schwulensaunen. »Auf der Welt-Aids-Konferenz in Montreal wurden wir dafür angegriffen, das kann man sich heute nicht mehr vorstellen. Wir machten Werbung für Kondome – und weil die reißen können, wurden wir als Mörder beschimpft.« Gar keinen Sex mehr zu haben, das war eine Variante, die seinerzeit nicht nur konservative Politiker wie Peter Gauweiler propagierten; auch Schwulenaktivisten wie Rosa von Praunheim forderten angesichts des Sterbens zeitweilig sexuelle Abstinenz.

»Kurz bevor Aids bekannt wurde, hatte ich in San Francisco gelebt, ein tolles Gefühl, zum ersten Mal war es so, als ob man in der Mehrheit sei. Ich erinnere mich an einen Typen, mit dem ich Sex hatte, er wollte unbedingt gefickt werden – und das, nachdem er zuvor schon unzählige andere Männer gehabt hatte. Natürlich ohne Kondom. Einen nach dem anderen hatte er auf der Straße aufgelesen und mit nach oben in sein Hotelzimmer genommen.« Damals verbreitete Aids sich zunächst unbemerkt. »Ich war genau zur schlimmsten Zeit in den USA. Rosa von Praunheim hatte mich nach New York geholt, ich wollte weg aus der Berliner Drogenhölle, der Kokserei. New York, Chelsea Hotel. Später San Francisco. Ich lebe nur noch, weil Analverkehr nie ganz mein Ding war. ›Zieh ihn raus, ich sehe nichts‹, das war immer mein scherzhaftes Motto.«

Ob die Aids-Krise dem Teddy-Award, der Popularität des queeren Films insgesamt auch genutzt hat? »Das kann sein, dass das so war«, sagt Speck, »kann sein.« Damals freilich wäre es geradezu pervers gewesen, so zu denken. »Wir in der Jury wussten ja nicht, ob wir uns im nächsten Jahr wiedersehen würden.« Er hat die Namen der Toten alle in seinem Telefonbuch belassen, niemanden ausgestrichen. »Für die Männer meiner Generation war es eine Doppelbelastung. Erst musste man die Freunde begraben und hinterher die Scherben wegräumen.«

Als die Scherben weggefegt waren, kam das Schweigen. In den schwulen Freundeskreisen redete man nicht mehr über das, was geschehen war. Wirklich nur aus Erschöpfung? Speck sagt, dass diejenigen, die nicht erkrankt waren, vielleicht nicht so ein großes Gewese machen wollten angesichts des Leids der Verstorbenen. »Und dann gab es viele Männer, ältere auch, die sich noch angesteckt haben, obwohl sie bereits alles über Aids wussten. Wie man sich schützen kann. Da waren sicher einige dabei, die sich nach dem Versprechen der Freiheit keinen Restriktionen mehr aussetzen wollten. Aber es hat da auch noch etwas anderes eine Rolle gespielt, dieser Wunsch nach Selbstauflösung: Da könnte man jetzt stundenlang drüber reden …« Wieland Speck spielt auf schwulen Selbsthass an, verursacht durch internalisierte Homophobie oder auch »Homonegativität«.

»Die Politisierung, das war ja nur eine Ebene, und auf der sah es damals schwarz aus. Aber ansonsten waren das dann eben Einzelschicksale. In der Sub wurden alle Sorgen verdrängt, da wurde getanzt, während die toten Kinder in der Provinz in aller Stille rechristianisiert wurden, ihrer schwulen Identität beraubt zu Grabe getragen, angeblich an Krebs, also unschuldig verstorben.«

Ob man zur Sub gehörte oder zu den politisch aktiven Kreisen, keiner der Dabeigewesenen kommt im Nachhinein umhin, sich irgendwo in dieser Polarität zu verorten, auch Wieland Speck nicht: »Ich war ein Grenzgänger zwischen Sub und Politkultur. Ich war eigentlich überall zu Hause, ich wollte immer Kultur und Politik mit Lebenslust verbinden.« In den siebziger Jahren lebte er in einer Kommune in der Anhalter Straße, mit zwanzig Männern. »Wir dachten damals: Wenn wir den Mann emanzipieren, retten wir die Welt, und alles wird immer besser. Es ist dann anders gekommen, die Reaktion kommt ja immer durch die Hintertür wieder hinein. Ich erinnere mich noch, wie nach der Wende plötzlich die Gewalt gegen Homosexuelle wieder anstieg.«[44]

Von der WG in der Anhalter Straße aus konnte man auf das Grundstück des ehemaligen Gestapo-Hauptquartiers in der Prinz-Albrecht-Straße schauen. Dort, wo heute die Dauerausstellung *Topographie des Terrors* zu sehen ist, lag damals Straps-Harrys Autodrom, eine Brache direkt an der Mauer, mit Schuttbergen und Essigbäumen – und geteerten Wegen, auf denen man ohne Führerschein mit Schrottautos fahren konnte. Straps-Harry, bürgerlich Harry Toste, war ein Star der Berliner Travestieszene, der am liebsten als Zarah Leander auftrat. Auf dem Gelände des Autodroms beherbergte er stets eine Gang von »Treberjungs«, obdachlosen Strichern. »Ich weiß noch, wie ich auf LSD auf den Schuttbergen dort herumgelaufen bin, und wie ich damals schon dachte, dass Straps-Harry, der ehemalige Hitler-Junge, hier das seine dazu tat, den Geist der Nazis auszutreiben.« Denn darum ging es ja schließlich auch in den schwulenbewegten Zeiten, war dieser Geist doch für die Homosexuellen noch bis 1969, bis zur Entschärfung des Paragrafen 175, höchst lebendig. Und darum, sich individuelle Freiheiten zu erobern – nicht ausschließlich im Rahmen marxistisch-leninistischer Studien.

Wieland Speck, der es in seiner Heimatstadt Freiburg im Breisgau sogar geschafft hatte, von der Waldorfschule zu fliegen, beschreibt es so: »Wir waren die Generation nach 1968, da ging ich ja noch zur Schule – die Semlers und Dutschkes trugen zunächst noch Anzüge, die Frauen Handtasche und Rock – das wirkt heute ungewöhnlich, aber die Kleidung zeigte eben, aus welcher Zeit und Gesellschaft sie kamen. Die alte Bundesrepublik der Nachkriegszeit. Sie haben den Raum geöffnet. Wir waren dann später eher bekifft und haben auch viel Unsinn gemacht. Drogen, es ging um Freiheit. Tja, und dann bin ich nach Berlin gegangen.«

In der zweihundert Quadratmeter großen Wohnung in der Grainauer Straße leben zum Zeitpunkt unseres Gesprächs nur noch zwei Menschen. Schon bald wird Wieland Speck einen Flohmarkt in der Wohnung eröffnen und viele der hier gesammelten Erinnerungsstücke versteigern. Der Filmemacher Jochen Hick wird das in Bildern festhalten für seine Dokumentation *Mein wunderbares West-Berlin*. Wieland Speck wohnt heute in einem Hochhaus in der Nähe des Berliner Zoos. Im August des Jahres 2017 übergab er die Leitung der Berlinale-Sektion Panorama an Nachfolger aus seinem Team, fungiert aber weiter als Berater der Berlinale.

Seine Memoiren müsste Wieland Speck noch schreiben, falls er die Zeit dazu findet. Er hat schließlich viel erlebt. Nur einer Sache hat er sich ganz bewusst nie gestellt, bis heute nicht: einem Aids-Test. Wieland Speck erklärt, warum: »Ich habe mich immer so verhalten, dass ich es nicht kriegen und auch nicht weitergeben könnte, falls ich es doch hätte. Das war auch meine edukative Mission, in den Pornos, in Texten und Interviews – vor allem im Hinblick auf die Erfahrungen mit den Auswirkungen des Testergebnisses auf Menschen. Ich sah sogar falsche Ergebnisse als Todesurteil wirken und zur sich selbst erfüllenden Prophezeiung werden.«

Aussondern
Deportieren
Stoppt die
VISA

CSD Berlin, 1987.

II. Präventionspolitik »Kondome schützen!«

»Kondom« war gemeinsam mit »Aids« das Wort des Jahres 1987 in der Bundesrepublik – und es bedurfte einer Menge Arbeit, damit es so weit kommen konnte.

Es war eine Art Glücksfall, dass mit Heiner Geißler und Rita Süssmuth zwei Politiker der CDU für die Aids-Politik zuständig waren, die sich mit Gegnern aus dem eigenen Lager, insbesondere der CSU, auseinandersetzen mussten und nicht mit der (linken) Opposition aus SPD und Grünen. Die Bruchlinie in Bezug auf die Aids-Politik verlief innerhalb der Union, was einer weiteren Instrumentalisierung im politischen Alltag einen gewissen Riegel vorschob und einen »verlegenen Triumph des Pragmatismus« ermöglichte, wie es der Frankfurter Rechtsprofessor Günter Frankenberg in seinem Beitrag für den Band *Strategien gegen Aids. Ein internationaler Politikvergleich* formulierte.[45]

Bereits 1984 war ein erster HIV-Antikörpertest entwickelt worden, der im Jahr 1985 von der US-Gesundheitsbehörde zugelassen wurde, ein potenziell wichtiges Instrument im Kampf gegen die Ausbreitung der Erkrankung – zumindest aus Sicht der Behörden.[46] Der Test wurde jedoch von vielen schwulen Männern abgelehnt, auch die Deutsche AIDS-Hilfe war von Anfang an skeptisch. Bereits vor Zulassung des Tests, 1984, gab sie ein Flugblatt mit dem Titel »Ein neuer Bluttest. Was nutzt er? Wem nutzt er?« heraus. Auf diese Fragen bietet der Flyer folgende Antwort: »Die Wissenschaftler können derzeit nicht erklären, was ein positives Testergebnis für den Untersuchten medizinisch bedeutet. Ob jemand, in dessen Blut Antikörper nachgewiesen wurden, bereits eine Immunität gegen den HTLV-III-Virus entwickelt hat oder ob er oder sie im Verlauf von zwei bis drei Jahren an einer

Form von AIDS erkranken und sterben wird, beantwortet ein positives Testergebnis genauso wenig wie die Frage, ob er oder sie zwischenzeitlich – trotz theoretisch möglicher Immunität – andere mit dem Virus infizieren kann.« Auch werden Bedenken geäußert, dass Personen mit positivem Testergebnis der Gefahr ausgesetzt sind, »per Verordnung als Ansteckungs- oder Krankheitsverdächtige Zwangsuntersuchungen bis hin zur Absonderung unterworfen zu werden«.[47]

In einer Ausgabe des *Spiegel* vom Oktober des Jahres 1985, also nach der offiziellen Zulassung des Tests, wird Wolfgang M. Weber von der Aids-Hilfe Mainz zitiert, der die Realität der Betroffenen für »derart beschissen« hält, dass er Ratsuchenden nicht »in jedem Fall zum Bluttest rät« – auch weil Positive aus seinem Freundeskreis sich verbittert »abgekapselt« und »jeden Kontakt zur Umwelt abgebrochen« hätten.[48] Allen, die vor der Entscheidung standen, ob sie einen solchen Test machen sollten, insbesondere also den Angehörigen der »Risikogruppen«, stellte sich die Frage: Was nützt das Wissen um eine Infektion, wenn es kein Heilmittel gibt?

Hoffnung machte dagegen das zunehmende Wissen um die Übertragungswege. Seit 1984 ist offiziell, dass die Krankheit von einem Virus ausgelöst wird. Im oben zitierten Flyer der Deutschen AIDS-Hilfe heißt es: »Wissenschaftler vermuten, daß sich dieser Virus vorwiegend über Sperma und Blut verbreitet. Daraus wird auf verschiedene Übertragungsmechanismen geschlossen: Analverkehr bei homosexuellen Männern/bei Fixern das gemeinsame Benutzen einer Nadel/bei ungeborenen Kindern durch die Mutter/bei Blutern durch Blutprodukte gegen Blutgerinnungsschwierigkeiten.« Von einer gezielten Prävention, etwa durch Kondome, ist hier noch nicht die Rede.[49]

Ob Kondome tatsächlich vor einer Übertragung des Virus schützen, war 1985 noch durchaus umstritten. Es gab Befürchtungen, dass die Viren »kleiner sein könnten als die natürlichen Zwischenräume in der Molekülstruktur des Gummis«. In einem

Interview für ein von Hans Halter herausgegebenes *Spiegel*-Buch kann Professor Robert Gallo diese Befürchtungen jedoch ausräumen: »Die sind schon sicher, das Gummi ist für Viren undurchlässig. Aber von Leuten, die Sex mit Kondomen praktizieren, habe ich gehört, daß Kondome reißen können.«[50]

Dieser seit Einführung der Pille eigentlich längst aus der Mode geratene »Hygieneartikel« gewinnt nun wieder an Bedeutung. Ab 1985 rät auch die Deutsche AIDS-Hilfe: »Kondome schützen!« In ihren aktuellen Informationen aus dem Juli 1985 heißt es bereits, dass sich das Infektionsrisiko durch »Safer Sex« reduzieren lasse, also Sexualpraktiken, bei denen »Körperflüssigkeiten des Partners nicht auf Schleimhäute von Mund, Augen, After und Vagina sowie in kleine Wunden (Fingernagelbett) gelangen. Dies läßt sich zum Beispiel durch die Verwendung von Kondomen in stabiler Ausführung erreichen.«[51] Kurz zuvor, im Mai 1985, war in den USA die erste Aufklärungsbroschüre über Safer Sex und Lust erschienen: »How to Have Sex in an Epidemic«, herausgegeben von dem New Yorker Aids-Arzt Joseph Sonnabend und seinen beiden Patienten Michael Callen und Richard Berkewitz. Es ging den Verfassern darum, aufzuzeigen, wie man trotz der Gefahr weiterhin Sex haben konnte, zum Beispiel durch die Verwendung von Kondomen.[52]

Dem New Yorker Vorbild GMHC (Gay Men's Health Crisis) folgend, beschlossen die Aids-Hilfen in Deutschland ihre Präventionsbotschaften zu vereinfachen und stellten zwei Grundregeln auf: 1. bei Analverkehr Kondombenutzung; 2. bei Oralverkehr kein Sperma in den Mund. Anders als etwa in den Niederlanden, wo nun generell vor Analverkehr gewarnt wurde, verfolgte man in Deutschland den Ansatz, so viel Lust (und damit Leben) wie möglich zu retten. Die deutschen Sexualwissenschaftler Martin Dannecker, Gunter Schmidt und Volkmar Sigusch waren sich mit den Aids-Hilfen einig, dass Analverkehr für die Mehrheit der Homosexuellen so bedeutend sei, dass die Propagierung eines Verzichts darauf zukünftige und notwendige Verhaltensänderungen im Sexualverhalten eher erschweren würde. Stattdessen wollten die Aids-Hilfen versuchen, die zugemuteten Einschränkungen so gering und so wenig lustfeindlich wie möglich zu halten.[53]

Als in diesem Zusammenhang von großer Bedeutung stellte sich das im Jahr 1986 veröffentlichte Buch *AIDS kann schneller besiegt werden* des Berliner Gesundheitswissenschaftlers Rolf Rosenbrock heraus. Seine Mitte der achtziger Jahre erarbeitete Position wurde laut Michael Bochow zu einer »willkommenen konzeptionellen Handlungsanleitung für die Aids-Hilfen«. Rosenbrock verfolgte einen pragmatischen Ansatz bei der Prävention. Im Zentrum stand die Verwendung des Kondoms, »das über Jahrzehnte für ganze Generationen hinweg das einzig verlässliche und deshalb milliardenfach benutzte Verhütungsmittel war«. Allerdings seien die »derzeit in der Bundesrepublik und international propagierten Safer-Sex-Anleitungen« schlicht zu kompliziert: »Sie bestehen zum Teil aus Check-Listen mit bis zu 16 Sex-Techniken, die in zwei bis drei Gefahrenklassen (unsafe, possibly unsafe bzw. possibly safe und safe) eingeteilt werden.«[54] Konkret meinte er damit auch das Faltblatt »Mach mit! Aktion Safer Sex«, das noch 1985 in Berlin verteilt wurde – erst Mitte des Jahres 1986 bot die Deutsche AIDS-Hilfe Materialien (»Vorbeugen: Safer Sex«) an, die den neuen Safer-Sex-Regeln entsprachen.[55]

Vehement warnte Rosenbrock in seinem Buch, dass die Zielgröße »Null-Risiko« zu Resignation und totalitären Wahngebilden führen würde. Er glaubte nicht, dass Ersatzbefriedigungen wie Telefonsex oder Onanie auf Basis von Voyeurismus, »die den Geschlechtsakt auf die Dimension einer Art mechanischer Entspannung reduzieren«, auf Dauer für die Prävention von Nutzen sein könnten – und setzte stattdessen auf die »neuerdings in dieser Richtung vorgeschlagenen Vereinfachungen der Schweizer und Deutschen AIDS-Hilfe«.[56] Statt auf Virusforschung und Verbote setzte Rosenbrock auf Verhaltensänderung in Zusammenarbeit mit den Betroffenen. Schon 1986 zeigte er sich zuversichtlich, dass sich so die viel beschworene Katastrophe werde aufhalten lassen: »Bei günstiger (und wahrscheinlicher) Entwicklung wird Aids eines Jahres einen unauffälligen Platz in der Statistik der Kranken und Toten einnehmen.«[57]

Rosenbrock hatte als einer der Ersten so etwas wie eine Hoffnung formuliert. Das Jahr 1985 aber war für schwule Männer von Angst und Unsicherheit im Umgang mit ihrer Sexualität geprägt, wie die Safer-Sex-Comics des Zeichners Ralf König illustrieren, die er in diesem Jahr erstmals für die AIDS-Hilfe zeichnete. Die Figuren mit den berühmten Knollennasen onanieren häufig gemeinsam zu Pornos – manchmal haben sie auch Analverkehr: mit Kondomen, deren Verwendung Ralf König seinen Lesern ans Herz zu legen versuchte.

Im Herbst jenen Jahres sorgte ein Plakat der Deutschen AIDS-Hilfe nicht nur für Aufsehen, sondern wurde europaweit als vorbildlich eingestuft: Es zeigt zwei junge Männer, die einander zugeneigt sind, sich zärtlich berühren.[58] Mit der Aufschrift »sicher besser – Safer Sex« hing es nun sogar in öffentlichen Verkehrsmitteln: Durch die mit Aids einhergehende Notwendigkeit, über Sexualität zu sprechen, entstand auch eine größere Sichtbarkeit der Homosexuellen.[59] Ermöglicht worden war diese erste Plakataktion der Deutschen AIDS-Hilfe durch eine Benefizveranstaltung im Berliner Veranstaltungszelt Tempodrom, das Rosa von Praunheim, das Treffen der Berliner Schwulengruppen und die Deutsche AIDS-Hilfe organisiert hatten. Zu Gast waren unter anderem Inge Meysel, Brigitte Mira, Alfred Biolek und André Heller. Ziel der Veranstaltung war es nicht nur, Geld zu sammeln, sondern auf die gesellschaftliche Situation der Homosexuellen aufmerksam zu machen – deren Existenz heute zu einer gesellschaftlichen Selbstverständlichkeit geworden ist.

Dass dem Mitte der achtziger Jahre noch nicht so war, zeigt ein kurzer Rückblick auf die »Kießling-Affäre« des Jahres 1984:

Der damalige Verteidigungsminister Manfred Wörner (CDU) hatte im Dezember 1983 den hoch dekorierten Nato-General Günter Kießling wegen dessen angeblicher Homosexualität entlassen – mit der Begründung, dass dieser erpressbar sein könnte (und nicht etwa tatsächlich erpresst wurde). Wie sich später herausstellen sollte, war Kießling wohl mit einem »Günter von der Bundeswehr« verwechselt worden, der in Kölner Schwulen-Bars verkehrte. Dank der Rückendeckung von Bundeskanzler Helmut Kohl konnte Wörner sich im Amt halten. Doch die »Affäre Kießling« war ein ungeheurer Medien- und Sittenskandal, der ein grelles Licht auf die Verhältnisse in der Ära Kohl und deren »geistig-moralische Wende« wirft: Ein Mann, der ein wichtiges Amt bekleidet, wird ob seiner vermeintlichen Homosexualität entlassen – ein Vorgehen, das nun auch öffentlicher Kritik unterzogen wurde.[60]

In der Zeit der Aids-Krise entstand nun unter der Schirmherrschaft der Gesundheitsministerin Rita Süssmuth etwas bis dato Undenkbares: Die zahlreichen lokalen Aids-Hilfen gingen ein Bündnis mit dem Staat ein, genauer einem staatlichen Gesundheitssystem, das sich seinerseits wandelte: Die achtziger Jahre waren auch die Zeit eines Generationswechsels im Gesundheitswesen, die Kriegsgeneration mit ihrem häufig noch autoritär geprägten Menschenbild trat allmählich ab. Und im Zuge der Aids-Krise sollte sich ein Paradigmenwechsel von der Krankheitsbehandlung hin zur eigenverantwortlichen Gesundheitsförderung vollziehen – ganz im Geist der (neoliberalen) Zeit: 1986 verabschiedete die Weltgesundheitsorganisation (WHO) die *Ottawa-Charta*, in deren Zentrum die »Health Promotion« stand. Menschen sollten befähigt werden, ihre Gesundheit zu erhalten – auch mithilfe nichtstaatlicher Netzwerke. Gesundheitspolitik sollte jetzt in allen Bereichen der Gesellschaft stattfinden, also auch in Familien, Vereinen und jeglichen »Communities«, nicht nur

Benefizveranstaltung für die Deutsche AIDS-Hilfe im Berliner Tempodrom am 13. Juni 1986. Wolf Biermann, André Heller, Katja Ebstein (erste drei Personen von links) und Inge Meysel (ganz rechts).

in öffentlichen Anstalten (etwa Schulen) oder medizinischen Institutionen – eine Politik, die auf der Erkenntnis beruht, dass Gesundheit in den entsprechenden Lebensverhältnissen gesichert (oder zerstört) wird.

Für die Zusammenarbeit zwischen Aids-Hilfen und Gesundheitsministerium waren die Leitgedanken von Ottawa zentral: Man rückte die Bedeutung von Emanzipation und Selbstermächtigung sowohl des Einzelnen als auch sozialer Gruppen und kultureller Milieus für die Gesundheit und das Wohlbefinden der Menschen in den Vordergrund. Der nun angestoßene Prozess verlief zunächst keineswegs harmonisch, sondern wurde von einer heftigen Kontroverse begleitet, die man mit Frankenberg anhand der Pole »Minimalismus« versus »Maximalismus«[61] oder auch, personalisiert, anhand der Auseinandersetzung zwischen Rita Süssmuth und Peter Gauweiler erzählen kann. Die Minimalisten waren zu der Erkenntnis gelangt, dass eine nachhaltige Präventionspolitik, die die Betroffenen mit einbezieht, das probate Mittel im Kampf gegen Aids sei: Man setzte auf Aufklärung und Lernfortschritte in Kombination mit Kondomen und sauberen Spritzbestecken. Man hoffte, die Risikogruppen in Zusammenarbeit mit den Aids-Hilfen zu einer Verhaltensänderung bewegen zu können – und behielt sich weitere, repressivere Maßnahmen vor, falls der liberale Ansatz nicht fruchten sollte; eine Linie, die das Bundesgesundheitsministerium unter Rita Süssmuth und die meisten Landesministerien mittrugen.

Die Maximalisten wiederum, allen voran die bayerische Landesregierung, wollten im Prinzip, dass Aids wie alle anderen Geschlechts- und Infektionskrankheiten behandelt wird, also entlang der Richtlinien des Bundesseuchengesetzes. Mithilfe von Zwangs- und Reihenuntersuchungen, Melde- und Mitteilungspflicht, Isolation, Verordnungen für Risikoorte, Quarantäne und Haft wollte man der Lage Herr werden.[62] In Bayern wurden zwar nun tatsächlich in den Saunen Türen ausgehängt, trotzdem musste man auch hier einsehen, dass es nicht nur mit der ganz harten Linie geht, und schloss sich der Auffassung an, dass auch Aufklärung durchaus sinnvoll sein kann.

Der *Spiegel* berichtet im Januar 1986 ausführlich über die bayerische Aids-Politik. München werde mit »8500 Infizierten« zur »westdeutschen Aids-Metropole«, deren Kreisverwaltungsreferent Peter Gauweiler zum Schrittmacher in Sachen Seuchenbekämpfung werden wolle. Den Münchener Betreibern von Herren-Saunen sei zunächst ein »Merkblatt zur Bekämpfung der Prostitution in Saunabädern und anderer sexueller oder grob anstößiger Handlungen« ausgehändigt worden, in dem auch vor Betriebsschließungen gewarnt wird, was laut *Spiegel* bereits einem Engländer widerfahren sei, der ein solches Etablissement in München betrieben habe. Der *Spiegel* zitiert aus dem Schließungsbescheid, der erfolgt sei, weil »die Betriebsräume nicht nur der Körperpflege und Kommunikation, sondern auch zur Kontaktaufnahme bis hin zum gleichgeschlechtlichen Verkehr (einschließlich des Analverkehrs) dienen«.[63]

Geschildert werden weitere »Sofortmaßnahmen«: In einer 24-Stunden-Sauna verbot Gauweiler »die Abgabe des verschreibungspflichtigen Amylnitrits [eines Bestandteils von Poppers], den Verkauf von Gleitcremes, die Duldung von Geschlechtsverkehr und die Vorführung von Pornofilmen – alles aufgrund bereits vorhandener Gesetzesbestimmungen. Außerdem ließ er in der Sauna alle Vorhänge entfernen und die Türen der Liebeskabinen aushängen: ›Dann is da drin nimmer so g'müatlich‹«, zitiert der *Spiegel* Gauweiler und fügt an, dass dieses Schnellverfahren soeben vom Münchener Verwaltungsgericht für rechtens befunden worden sei. Auch ansonsten zeigte man sich in München kreativ, drehte etwa auf den öffentlichen Toiletten die Heizung herunter, um eventuellen sexuellen Handlungen keinen Vorschub zu leisten. Andererseits finanzierte Gauweilers Behörde die Münchner Aids-Hilfe und veranstaltete mit dem Verein für sexuelle Gleichberechtigung gemeinsame Aufklärungsveranstaltungen.[64]

Gauweiler war freilich mit seiner kritischen Haltung gegenüber der Bonner Politik nicht alleine. So zitiert der *Spiegel* auch den seinerzeit amtierenden Oberbürgermeister Kronawitter (SPD), der »kein Verständnis mehr dafür aufbringen« könne, »wenn nicht bundesweit alle seuchenrechtlich möglichen Maßnahmen ausgeschöpft würden, die geeignet sind, den Ausbreitungsgrad der Krankheit zu erkennen, sie einzugrenzen und Ansteckungswege abzuschneiden«.[65]

Die Regierung in Bonn entwickelte 1987 ein Sofortprogramm, das in drei Richtungen zielte: Schutz der Bevölkerung gegen die HIV-Infektion, Beratung und Versorgung der Infizierten sowie Verhinderung von Diskriminierung. Gerade das kluge Anliegen, die Betroffenen nicht auszugrenzen, und die Propagierung des Slogans »Aids geht alle an« ermunterte allerdings nun erst recht die Gegenseite, die der Allgemeinheit drohenden Gefahren mit allen Mitteln zu bekämpfen. Unermüdlich agitierte Peter Gauweiler, der einen direkten Draht zu Franz Josef Strauß hatte, gegen die liberale Politik von Rita Süssmuth, auch bei Bundeskanzler Helmut Kohl.[66] Süssmuth wiederum sicherte sich die Unterstützung der Ländergesundheitsminister, der FDP sowie der Opposition von SPD und Grünen, während die Bayern mit ihrem »Maßnahmenkatalog« eher alleine dastanden: Im Februar 1987 war die Landesregierung aus dem Konsens der Gesundheitsministerkonferenz ausgestiegen und hatte stattdessen per Beschluss auf Überwachung und Beobachtung von Infizierten, Gefährdeten und Angehörigen von Risikogruppen gesetzt – inklusive Zwangstestungen für Prostituierte, Drogenabhängige, »auffällige Homosexuelle«, Stricher, AusländerInnen.[67]

Die Münchener sahen sich großer Kritik ausgesetzt und ließen doch nichts aus. So wurden zwischen 1987 und 1989 über

Mahnwache vor dem Münchner Rathaus gegen das von der CSU veranstaltete Aids-Hearing im Bayerischen Landtag, April 1987.

20 646 Beamtenanwärter zwangsgetestet – nur einer stellte sich tatsächlich als positiv heraus.[68] Bars, die im Verdacht standen, »Verstöße gegen das öffentliche Sittlichkeitsempfinden« zu fördern«, hatten dafür zu sorgen, dass »Schamgegend und Hintern von Kellnern vollkommen mit einem nichtdurchsichtigen Kleidungsstück bedeckt sind«.[69] Vieles davon war – schon technisch – gar nicht umsetzbar, zumal die staatlichen Stellen keinen entsprechenden Zugriff auf die Beteiligten hatten: Wie sollte man sämtliche homosexuellen Begegnungsstätten und Bordelle überwachen, möglichst rund um die Uhr? Allerdings kam es auch in anderen Bundesländern zu hässlichen Szenen im Umgang mit HIV und Aids, nicht nur in Bayern. Selbst im liberalen Westberlin streikte 1990 das Personal eines öffentlichen Bades, weil dort ein Positivenschwimmen stattfinden sollte. Ein Fall, der damals auch medial für einiges Aufsehen sorgte. In der ganzen Republik weigerten sich Zahnärzte, positive Patienten zu behandeln. Gefängnisbeamte beantragten ihre Versetzung, um nicht mit positiven Häftlingen in Kontakt zu kommen, Kollegen forderten die Entlassung positiver Mitarbeiter.

Das Bundesgesundheitsministerium versuchte, solchen Entwicklungen entgegenzuwirken. Ende 1985 hatte die Bundeszentrale für gesundheitliche Aufklärung begonnen, die Bevölkerung zu informieren – zunächst im Rahmen einer Postwurfsendung (»Was Sie über AIDS wissen sollten«), die an alle 27 Millionen Haushalte der Bundesrepublik verschickt wurde. Aber erst zwei Jahr später, ab 1987, wurden größere Mittel zur Verfügung gestellt. Von nun an flossen 17 bis 29 Millionen Euro jährlich in Plakate und Broschuren, später auch Fernsehspots und Kinoreklamen. Beratungsdienste wurden finanziert, und jedes Gesundheitsamt erhielt eine eigene Aids-Fachkraft.

Im Gegensatz zu den Aids-Hilfen propagierte das Bundesgesundheitsministerium weiterhin den Test – beide Seiten versuchten sich trotz ihrer Kooperation eine gewisse Unabhängigkeit zu bewahren (wenngleich der Staat als Geldgeber in einer vergleichsweise starken Position war). Die Aids-Hilfen spielten dank Süssmuths liberaler Politik eine wichtige Rolle. Sie galten vielen als eine Art Lobby der Homosexuellen, kümmerten sich mit ihren rund viertausend freiwilligen Helfern allerdings ab 1987 auch um Drogenabhängige, Prostituierte und Häftlinge.

Homo- und bisexuelle Männer waren die Hauptbetroffenen, neben intravenösen Drogenkonsumenten und Blutern; mehr als 90 Prozent der gemeldeten HIV-Positiven waren Männer. Einer Erhebung von 1987 zufolge waren zu diesem Zeitpunkt 15 bis 40 Prozent der Schwulen infiziert,[70] allerdings sind solche Schätzungen schwierig, weil es aus guten Gründen keine genauen Zahlen zum Anteil der Homosexuellen in der Bevölkerung gab und gibt – zuletzt gefordert wurde eine offizielle »Zählung der Homosexuellen« hierzulande von einer thüringischen Landtagsabgeordneten der AfD.[71]

Als eine Art »gefährliche Schnittstelle« zwischen Randgruppen und Mehrheitsgesellschaft wurden einerseits die Bisexuellen ausgemacht und andererseits Drogenabhängige, die sich aus Gründen der Beschaffung prostituierten; beides Gruppen, auf die sich bis heute das besondere Augenmerk der Präventionspolitik richtet. Bisexuelle leben den homosexuellen Anteil ihres Begehrens oft heimlich aus, weshalb es ihnen schwerfällt, sich bewusst zu schützen. Und drogenabhängige Prostituierte bzw. Stricher sind in ihrer Not häufiger bereit, dem Drängen der Freier nach ungeschütztem Sex nachzugeben, als solche, die in einem geordneteren Rahmen ihrer Tätigkeit nachgehen und selbstbewusst das Tragen von Kondomen einfordern. Nicht umsonst bildeten sich in Zeiten der Aids-Krise die ersten Interessenvereinigungen von Prostituierten in der Bundesrepublik.[72] Und ab 1986 erhielten Stricherprojekte in deutschen Großstädten finanzielle Unterstützung – mithilfe von Aids-Aufklärung hoffte man die Verbreitung von HIV durch mann-männliche Prostitution einschränken zu können.[73]

Drogenkonsumten sahen sich mit einer bis heute eher restriktiven bundesdeutschen Drogenpolitik konfrontiert. Als besonders problematisch erwies sich in der Zeit der Aids-Krise das lebensferne »Abstinenz-Prinzip« der deutschen Therapeuten – nur zwanzig Prozent der Drogenkonsumenten suchten überhaupt Beratungsstellen auf (etwa eine der zahlreichen Drogenhilfen, Selbsthilfeorganisationen, die zumeist aus der Release-Bewegung der siebziger Jahre hervorgegangen waren) oder nahmen das Angebot von Langzeittherapien an, so dass sie auch für Beratungsangebote der Aids-Hilfen kaum erreichbar waren.

Das »Abstinenz-Prinzip«, das die Kriminalisierung als pädagogische Notwendigkeit mit einschloss, verhinderte lange Zeit auch den Einsatz von Methadon. Erst durch HIV und Aids gelangten die Behörden zu einer diesbezüglich zeitgemäßeren Haltung: Hatten sich Bundesregierung und Gesundheitsministerkonferenz noch 1986 heftig gegen Substitutionsprogramme zur Wehr gesetzt, bröckelte dieser Widerstand schließlich angesichts steigender Infektionsraten unter Drogenkonsumenten. Im März 1987 signalisierten die Gesundheitsminister der Länder (ausschließlich Bayern) dann, dass eine Methadon-Behandlung in besonderen Fällen und unter ärztlicher Kontrolle zulässig sei (1990 erklärte die Bundesärztekammer Methadon für akzeptabel). Auch die Verteilung von sauberen Spritzen und Nadeln wurde noch bis 1985 als Beihilfe zur Abhängigkeit bewertet. Bereits 1983 aber hatte die Gesundheitsministerkonferenz erklärt, dass die Ausgabe von Einwegspritzen als eine Maßnahme gegen Aids akzeptiert werden kann – eine Haltung, die Rita Süssmuth nach ihrem Amtsantritt bekräftigte, so dass Streetworker, die solche »Bestecke« verteilten, nunmehr vor Strafverfolgung sicher waren.[74]

Einen Sonderfall bildeten die Bluter: Zwischen 1980 und 1984 wurden 1300 von ihnen durch HIV-verseuchte Präparate infiziert. Erst ab dem Stichtag 1. Oktober 1985 wurden deutsche Blutspender auf HIV untersucht. Bereits 1983 wussten Wissenschaftler

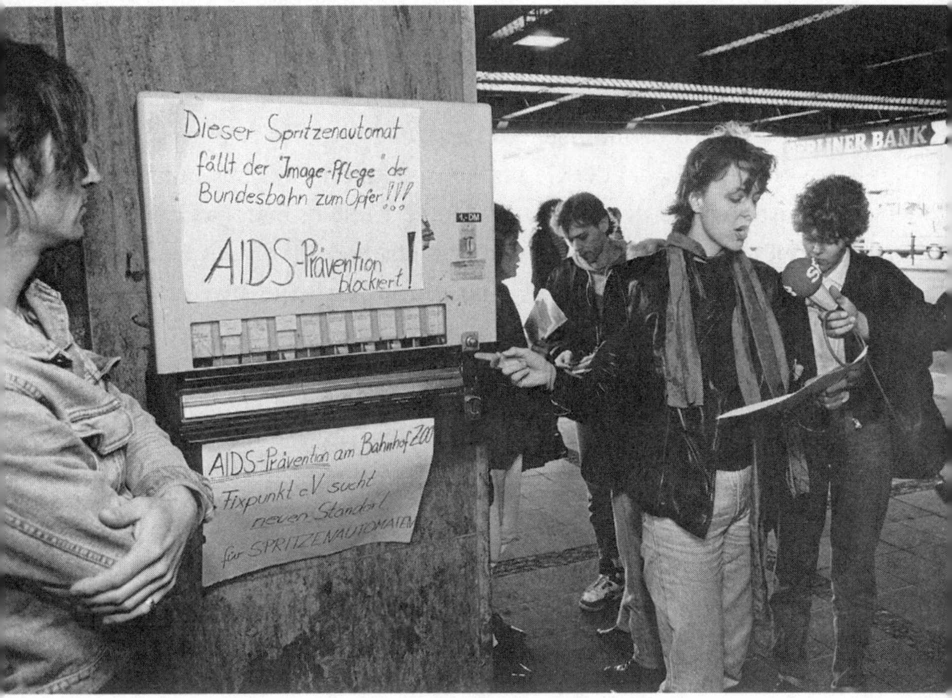

Protestveranstaltung der Drogenhilfe Fixpunkt e. V. gegen den Abbau eines Spritzenautomaten am Bahnhof Zoo, Berlin, Juni 1991.

beim Bundesgesundheitsamt, dass eine Infektion über Blutermittel möglich war – und bereits seit 1981 bot die Firma Behring ein Hitzeinaktivierungsverfahren an, das imstande gewesen wäre, die Viren abzutöten. Eingeführt wurde es erst 1985. Viel zu spät, ein Versäumnis, das der Gesundheitspolitikerin Rita Süssmuth angelastet wurde. Ihr Vorgänger Heiner Geißler hatte noch im Juni 1983 anlässlich des Starts einer Blutspendeaktion des Deutschen Roten Kreuzes in Bonn Homosexuelle um »eine gewisse Zurückhaltung« bei der Blutspende gebeten, der *Spiegel* zitiert ihn mit den Worten, dass »keine Gefahr für Empfänger von Blutkonserven« bestehe. Sowohl Heiner Geißler als auch Rita Süssmuth wiesen die Vorwürfe später zurück.[75]

Ab Oktober 1985, also bereits in der Amtszeit Süssmuths, wurden zwar nun alle deutschen Blutspender auf HIV getestet, doch niemand fühlte sich dafür zuständig, alte, ungeprüfte Blutkonserven und -präparate zurückzurufen. Sie waren, wie im Rahmen des Untersuchungsausschusses »HIV-Infektionen durch Blut und Blutprodukte« 1993 zutage trat, bis 1987 im Umlauf und haben nachweislich zu HIV-Infektionen geführt. 1990 wurden noch einmal sieben Bluter durch eine Charge des Gerinnungsmittels PPSB des Frankfurter Pharmaherstellers Biotest infiziert, die nicht ausreichend untersucht worden war – während andere PPSB-Hersteller potenziell im Konzentrat enthaltene HI-Viren seit Mitte der achtziger Jahre mithilfe der erwähnten Hitzesterilisation abtöteten, hatte Biotest es bei einer »Kaltsterilisation« mit UV-Licht und der Chemikalie beta-Propiolacton belassen, eine Praxis, die erst nach den aufgetretenen Infektionen und den entsprechenden Veröffentlichungen im Rahmen des »Bluterskandals« 1991 vom Bundesministerium für Gesundheit untersagt wurde.[76]

Das von vielen heute als skandalös empfundene Blutspendeverbot für Homosexuelle (und Angehörige anderer »Risikogruppen«) hat seinen Ursprung in ebendiesem Zusammenhang, nämlich der Sicherung von Blutspenden, und ist offiziell geregelt durch das sogenannte Transfusionsgesetz aus dem Jahr 1998,[77] das auch als Reaktion auf den Blutspendeskandal vom Anfang des Jahrzehnts entstand – und auf dessen Grundlage die Bundesärztekammer sowie das Paul-Ehrlich-Institut seitdem die »Richtlinien zur Gewinnung von Blut und Blutbestandteilen und zur Anwendung von Blutprodukten« erstellt. 1983, also lange vor der gesetzlichen Regelung, wurden Homosexuelle erstmals im Rahmen einer solchen Richtlinie von der Blutspende ausgeschlossen.[78] Mit Einschränkungen gilt dieses Verbot noch heute.[79]

Mit HIV infizierte Bluter sahen sich zwar nicht mit moralischen Anschuldigungen konfrontiert – sie hatten das Virus ja »unschuldig« erworben –, genossen aber keineswegs eine Vorzugsbehandlung. Sie und ihre Angehörigen hatten meist große Schwierigkeiten, ihre Rechte auf Entschädigung geltend zu machen. Die Auseinandersetzungen setzten sich bis in die jüngste Vergangenheit fort. 1995 wurde die Stiftung Humanitäre Hilfe für durch Blutprodukte HIV-infizierte Personen gegründet, infolge des Untersuchungsausschusses von 1993.[80] Als der Stiftung zuletzt das Geld auszugehen drohte, übernahm schließlich der Bund die Verantwortung für die im Jahr 2017 noch lebenden rund 300 mit dem HI-Virus infizierten Bluter und erklärte sich bereit, rund zehn Millionen Euro jährlich in die Stiftung einzuzahlen.[81]

Heterosexuelle Sexualkontakte haben sich in der Bundesrepublik der achtziger Jahre nicht als bedeutende Quelle der Aids-Übertragung erwiesen. 1987 gaben 82 Personen einen heterosexuellen Kontakt als wahrscheinliche Infektionsquelle an. Die Zahl stieg 1988 auf 126, fiel aber 1989 wieder auf 45. Damals waren geschätzte 30 000 bis 80 000 Menschen in Deutschland von HIV betroffen, weit weniger als die Apokalyptiker befürchtet hatten. Die Zahl der Neuinfektionen explodierte keineswegs, vielmehr flachte die Kurve bei den schwulen Männern ab, die offensichtlich erfolgreich ihr sexuelles Verhalten geändert hatten.[82]

Unabhängig von den politischen Auseinandersetzungen innerhalb der Union war die Präventionsstrategie, die auf vernünftig handelnde, lernfähige Menschen setzte, auch innerhalb der homosexuellen Szene umstritten. Nicht wenige Akteure forderten, dass Schluss sein müsse mit der ausufernden Sexualität der Homosexuellen. Im November 1984 hatte Rosa von Praunheim ausgerechnet im *Spiegel* das Ende schwuler Promiskuität gefordert – und war damit der Einladung des *Spiegel*-Redakteurs Hans Halter gefolgt, der diese Position von Anfang an vertreten hatte.[83] Das Kondom hingegen sollte, aus Sicht schwuler Aktivisten und Sexualwissenschaftler wie Martin Dannecker, die Lust retten – und war aus der Sicht pragmatischer Gesundheitspolitiker schlicht ein realpolitisches Instrument der Vernunft.

Die Debatte, ob der promiske »Lebensstil« zum Wesen der Homosexuellen gehöre oder nichts weiter sei als ein Relikt aus der Unterdrückungszeit, in der mann-männliche Liebe nur im Verborgenen möglich war, gibt es bis heute. Seinerzeit jedenfalls war die Erkenntnis, dass Freiheit auch mit Kosten verbunden sein kann und sich letztendlich jeder Mensch seiner Verantwortung stellen muss, gewiss eine Motivation für die Homosexuellen, die sich für eine rechtliche Gleichstellung auch hinsichtlich der Öffnung der Ehe für alle engagierten, nach Ansicht der »Integrationisten« der sicherste Weg, um dem Virus zu entkommen. Durch Treue also und eine »normale« Sexualität im Rahmen einer Partnerschaft.

Obwohl die Aids-Krise die Lebenssituation der Hauptbetroffenengruppe der Homosexuellen deutlicher in das öffentliche Bewusstsein gerückt hatte, brachte dies zunächst keine nennenswerten rechtlichen Fortschritte für diese gesellschaftliche Minderheit mit sich. In den achtziger Jahren wurden weder Anstalten gemacht, den leidigen Paragrafen 175 endlich abzuschaffen – dies geschah erst Jahre nach der Wiedervereinigung (1994) im Zuge einer (etwas peinlichen) Rechtsangleichung an die in dieser Hinsicht progressivere DDR –, noch wurde erwogen, Homosexuellen eine eingetragene Partnerschaft (2001) oder gar eine Eheschließung (erst im Jahr 2017) zu ermöglichen. Ein Antidiskriminierungsgesetz gibt es bis heute nicht – während der Aids-Krise konnten sich die Betroffenen glücklich schätzen, dass sie sich auf das Recht auf informationelle Selbstbestimmung aus dem Jahr 1983 berufen konnten. So schreibt Günter Frankenberg: »Im Kontext der Aids-Debatten stärkte das Recht auf den Schutz persönlicher Daten die Position der Minimalisten. Es trug dazu bei, daß Vorschläge über obligatorische Tests, Meldepflicht und heimliche Aids-Tests in Krankenhäusern abgelehnt wurden.«[84]

In Bezug auf die Rechte von LGBTI* war die Bundesrepublik der achtziger Jahre ein Entwicklungsland, zumindest im Vergleich mit den skandinavischen Ländern. Um Eigenart und Wert der liberalen Politik Süssmuths und ihrer MitstreiterInnen erfassen zu können, lohnt sich ein kurzer, vergleichender Blick in Richtung Schweden, das einerseits eine wesentlich fortschrittlichere Entwicklung im Umgang mit Homosexualität vorweisen kann als Deutschland und andererseits einen entschieden autoritäreren, »maximalistischeren« Weg im Umgang mit HIV gegangen ist – bis hin zur »Absonderung« von Erkrankten.

Ein Gesetz gegen die Diskriminierung von Homosexuellen wurde in Schweden bereits 1987 eingeführt, und 1988 wurde das Gesetz über Lebensgemeinschaften auf Homosexuelle ausgedehnt. Das Sexualstrafrecht war schon 1944 liberalisiert und das Schutzalter 1978 an das für Heterosexuelle (15 Jahre) angeglichen worden. Im Vergleich mit Skandinavien, das ungebrochen an den sexualaufklärerischen Impetus der Lebensreformjahre anknüpfen konnte, wird die Situation der Bundesrepublik besonders deutlich, in der die progressiven, sexualemanzipatorischen Ansätze der Weimarer Republik jäh unterbrochen worden waren und die geprägt war durch die Verwerfungen des Nationalsozialismus und das klerikal-konservative Rollback der Nachkriegsjahre. Andererseits glich das sozialdemokratisch-protestantische Schweden in seiner Aids-Politik eher der DDR als der Bundesrepublik.

Ähnlich wie in der BRD waren es zunächst die Homosexuellen, die in Bezug auf HIV aktiv wurden. Schon 1982, noch bevor es die ersten Fälle in Schweden gab, begann der Reichsverband für sexuelle Gleichstellung (RFSL), die bereits im Jahr 1950 gegründete LGBTI*-Organisation Schwedens, mit seinen 25 Regionalstellen, über Prävention zu sprechen. Im Jahr darauf, während des Gay Pride in Stockholm, wurde erstmals öffentlich über Aids diskutiert, und schon 1984 erschien die erste Broschüre, in der die Verwendung von Kondomen und der Verzicht auf Penetration empfohlen wurde – dies alles zunächst ohne Unterstützung des Staates. Allerdings existierten in Schweden bereits seit Anfang der achtziger Jahre spezielle Gesundheitseinrichtungen, sechs Ambulatorien in schwedischen Städten, die Aufklärung und medizinische Versorgung von Homosexuellen für Homosexuelle anboten. Eingerichtet worden waren sie angesichts einer unter schwulen Männern grassierenden Hepatitis-B-Epidemie. Sie bildeten nun die Basis für ein weiteres gezieltes Vorgehen gegen Aids.

Als deutlich wurde, dass auch Heterosexuelle betroffen sind – und auf Drängen des RFSL –, schaltete sich der Staat ein und entwickelte zusammen mit Ärzten und Seuchenschutzbeamten eine Aids-Strategie. HIV wurde in die Liste der unter das Seuchenschutzgesetz fallenden Geschlechtskrankheiten aufgenommen. Somit war der behandelnde Arzt verpflichtet, die Infektionsquelle herauszufinden, notfalls per Durchführung eines Zwangstests (wozu es allerdings in der Praxis kaum gekommen ist). Außerdem musste er die Betroffenen auf Safer Sex verpflichten. Die Erkrankung wurde mittels einer anonymisierten Personenkennziffer an das Gesundheitsministerium übermittelt.

Die schwedische Regierungspolitik erlaubte im Folgenden

auch die Absonderung – Positive, die sich »uneinsichtig« zeigten und sich weigerten, Kondome zu benutzen, konnten für mindestens drei Monate interniert werden. Nachdem zunächst einige (wenige) Infizierte per Gerichtsbeschluss in ein Hospital zwangseingewiesen worden waren, regte sich Widerstand in den Krankenhäusern, deren Mitarbeiter nicht ohne Weiteres bereit waren, polizeiliche mit therapeutischen Aufgaben zu vermengen. So kam es zur Einrichtung des berühmt-berüchtigten Stenby-Hofes auf der Schäreninsel Adelsö rund fünfundzwanzig Kilometer westlich von Stockholm.

Das »Lager« erlangte weltweite Berühmtheit – wenngleich sich unter anderem der RFSL-Vorsitzende Kjell Rindar vehement gegen diese aus seiner Sicht polemische Bezeichnung wandte, handele es sich dabei doch lediglich um eine pragmatische Lösung für die besonders schwierigen Fälle, also zum Beispiel schwerst Drogenabhängige oder, was als Einzelfall vorkam, eine geistig behinderte Prostituierte: »Das Heim auf Adelsö«, so Rindar, »ist für die Kategorie von Menschen, für die es gedacht ist, verglichen mit den bisherigen Verhältnissen eine klare Verbesserung. Es ist unseriöser Quatsch, von einem Insellager zu sprechen. Wenn, dann muß man direkt Kritik an einem Gesetz üben, das die Isolierung als äußerste Möglichkeit vorschreibt.«[85]

In Schweden löste die Einrichtung des Stenby-Hofes weder bei den Aids-Organisationen noch beim RFSL einen Aufschrei aus, weltweit aber begannen sich Law-and-Order-Politiker für die Idee einer so konsequenten »Absonderung«, die sie damit verbanden, zu begeistern: Diese Idee war in ihren Augen faszinierend, allgemeine Zwangstests für »Risikogruppen« hat es jedoch auch in Schweden nicht gegeben, der Staat hat lediglich massiv Werbung für den Test gemacht. Mit bescheidenem Erfolg: Es erschienen reihenweise hysterisierte BürgerInnen, für die gar kein Infektionsrisiko bestand, während die Hauptbetroffenen den Test mieden.

Im Jahr 1987 wurden schließlich die Schwulensaunen in Schweden geschlossen, per Parlamentsbeschluss und unter Zustimmung eines Teils der linken Schwulenbewegung, der in diesen Nassräumen Strukturen von Unglück und Unterdrückung witterte – und darauf hoffte, dass sich das Aids-Problem in Zukunft dadurch überwinden ließe, dass sich die Homosexuellen auf die Prinzipien der Ehe und der Monogamie verständigen würden, statt sich in Schmuddelecken herumzutreiben.

Die Juristen Benny Henricksson und Hasse Ytterberg beschreiben in ihrem Aufsatz über die »Macht der moral(ist)ischen Linken«, wie damals zwischen »guten Schwulen« und »bösen Schwulen« unterschieden wurde, und deuten den insgesamt eher »maximalistischen« schwedischen Ansatz als Ausdruck jenes schwedischen Wohlfahrtsstaates, der alle Probleme seiner Landeskinder löst – so wie Eltern, die ihre Kinder von dunklen Orten fernhalten. Das Ideal des wachen Arbeiters, der mit beiden Beinen im Leben steht, vertrug sich in dieser Lesart nicht mit (sexuellen) Ausschweifungen als einem Dekadenzphänomen der Oberschicht; daher bevorzugte man die Förderung von Sauberkeit, Anstand – und Treue.[86]

Im Ergebnis war die Aids-Politik Schwedens, so wie jene der DDR, durchaus erfolgreich. Die Infektionsquoten in Schweden gehören zu den niedrigsten weltweit. Ob sie besser war? Mit der Schließung der Saunen verschwanden zunächst die Orte, an denen Aufklärung hätte stattfinden können – in Deutschland hatten engagierte Soziologen wie Michael Bochow mit diesem Argument stets für eine Offenhaltung subkultureller Infrastruktur argumentiert, die im Ergebnis erhalten blieb. Homo- und bisexuelle Männer mieden zumeist die Tests. Der RFSL und die Betroffenen selbst wurden kaum mit einbezogen in die weitere Aids-Politik und erhielten im Vergleich mit dem schwedischen Roten Kreuz nur einen sehr geringen Teil von den insgesamt hohen Aufwendungen des Staates im Kampf gegen Aids, während die Hauptbetroffenengruppe in Deutschland ausdrücklich mit einbezogen und so »empowered« wurde. Einerseits konnte über Sexualität in Schweden von Anfang an offener gesprochen werden, andererseits war der moralisch erhobene Zeigefinger stets deutlicher sichtbar als in Deutschland. Auch die Eingriffe in das Selbstbestimmungsrecht wurden in Schweden als weniger problematisch bewertet; weder gab es einen Aufschrei, als die staatliche Fluglinie SAS HIV-Tests für neue Mitarbeiter einführte, noch, als Versicherungen den Serostatus ihrer Klienten abfragten.

In der Wochenzeitung *Die Zeit* schrieb Rolf Rosenbrock 1988 über Schwedens Aids-Strategie. Mit »Zwangloser Zwang« ist der Artikel überschrieben und interessanterweise von einer gewissen Sympathie für das schwedische Modell getragen, das »Aufklärung und Meldepflicht, Kondomkampagnen und Absonderung« miteinander verbinde. Rosenbrock äußerte vor dem Hintergrund der insgesamt wesentlich liberaleren Haltung der Schweden gegenüber Homosexuellen Verständnis für die polizeilichen Elemente im Umgang mit Aids – und erkannte schließlich doch im Bewusstsein der deutschen Vergangenheit und der rückständigen politischen Situation: »Bei uns hingegen würden die gleichen Bestimmungen wohl zusätzliche Kranke und Tote zur Folge haben.«[87]

Heute gibt es wieder eine Schwulensauna in Schweden – eine einzige in einem Land mit zehn Millionen Einwohnern. Sie wurde 2015 in Stockholm eröffnet. Der Verkauf und Gebrauch der Droge Poppers ist verboten. Prostitution ist seit 1998 illegal. Und wer seinem Sexualpartner vor dem Verkehr seine HIV-Infektion verschweigt, macht sich strafbar.

Der Sieg der Vernunft: Rita Süssmuth

Es ist nicht leicht, einen Termin bei ihr zu bekommen. Rita Süssmuth, geboren 1937, hat viel zu tun. Auch heute war sie den ganzen Tag unterwegs und erscheint eine Viertelstunde zu spät in der Lobby des Hauses Unter den Linden 71 in Berlins Mitte. Hier residiert die Vereinigung ehemaliger Mitglieder des Deutschen Bundestages und des Europäischen Parlaments, und hier hat Rita Süssmuth, die nicht irgendein Mitglied des Bundestages war, sondern viele Jahre dessen Präsidentin, ihr Büro. Zwei junge Männer, ihre Mitarbeiter, begleiten sie. Nach einer kurzen Begrüßung geht es in den Fahrstuhl, dann lange Flure entlang, raschen Schrittes. Die meisten, die hier arbeiten, sind auf dem Weg nach Hause, es ist Viertel nach vier. Ob sie nicht erschöpft sei. »Sieht man das?«, fragt sie zurück.

Das Büro – ein Vorzimmer, ein großzügiger Hauptraum mit Schreibtisch und einer Sitzgruppe – wird im Sturm genommen. »Welche Termine stehen morgen früh an?«, fragt sie ihre Mitarbeiter. Den Hinweis auf den Bambi auf dem Seitenregal ignoriert sie, *no bullshit*, aber stolz scheint sie doch auf ihn zu sein, sonst stünde er nicht da. Verliehen wurde er ihr 1988, auf dem Höhepunkt ihrer Popularität, kurz bevor Helmut Kohl sie auf den Posten der Bundestagspräsidentin weglobte – zu gefährlich war die in der Bevölkerung ausgesprochen beliebte Politikerin geworden, womöglich hatte sie auch schlicht »genervt«: Sie vertrat in der Abtreibungsfrage eine deutlich liberalere Haltung als Kohl (»Die letzte Entscheidung hat die Frau«), setzte sich für eine Frauenquote ein. Gleichzeitig hatte die einstige politische Quereinsteigerin längst begonnen, sich innerhalb der Union eine Hausmacht aufzubauen, indem sie 1986 den Vorsitz der Frauen-Union anstrebte. Auch ein Bundestagsmandat hatte sie sich 1987 erkämpft, im Wahlkreis Göttingen auf Anhieb ein Direktmandat gewonnen.

Den Bambi bekam Süssmuth gemeinsam mit Katarina Witt, seinerzeit noch DDR-Eiskunstlaufstar, und der (inzwischen verstorbenen) Schauspielerin Silvia Seidel verliehen, die für ihre Titelrolle als Balletttänzerin in der ZDF-Weihnachtsserie *Anna* ausgezeichnet wurde. Die alte Bundesrepublik in ihren letzten Zügen – oder auf ihrem Höhepunkt.

In der kurzen Zeit von 1985 bis 1988 hat Süssmuth als Bundesgesundheitsministerin Enormes geleistet: Gegen den Willen ihrer Partei setzte sie die Propagierung der Kondomnutzung zu Präventionszwecken durch, sie initiierte die Gründung der Nationalen Aids-Stiftung, die später mit der Deutschen Aids-Stiftung fusionierte, deren Ehrenvorsitzende sie ist. Ihr ist es zu verdanken, dass in Deutschland eine höchst erfolgreiche Strategie der Prävention und Aufklärung angewandt wurde, die die Betroffenen in hohem Maß mit einbezog – und nicht das autoritäre Modell, das mit dem Namen Peter Gauweiler und seinem »Maßnahmenkatalog« verbunden ist.

Noch eine Bambi-Frage zum Aufwärmen: Ob es ihr gefalle, dass sie von den Schwulen in Deutschland bis heute als »Lovely Rita« gefeiert wird – den Spitznamen, nach einem Beatles-Song, hatte ihr Alice Schwarzer Mitte der achtziger Jahre verliehen. »Für mich war Aids ein Schlüsselerlebnis im Politischen, es ging um die Ausgrenzung von Menschen, die mit dem Tod bedroht waren. Mit Aids verbinde ich alles Mögliche, nur nicht ›Lovely Rita‹«, antwortet sie freundlich, aber bestimmt. Wer nicht durchsetzungsfähig ist, geht entweder nicht in die Politik oder kommt in ihr um. »Ich war ahnungslos, als ich das erste Mal mit Aids konfrontiert wurde, auf gesichertes Wissen konnte ich mich nicht stützen, gleichzeitig war klar, dass wir etwas tun mussten.«

1985, als Süssmuth Ministerin wurde, war Aids gerade im Bewusstsein der Bevölkerung angekommen. In einem *Spiegel*-Interview vom Oktober desselben Jahres wird die soeben neu ernannte

Ministerin zu Aids befragt – ob sie nicht die Meldepflicht einführen wolle, was von Forderungen nach dem Ausschluss von Aids-infizierten Kindern aus Schulen zu halten sei. »Bald war von Millionen Kranken die Rede, es war eine große Angst, und wir im Ministerium kamen schnell zu der Haltung, dass es nicht unsere Aufgabe ist, die Kranken zu bekämpfen, sondern die Krankheit. Dass es um Aufklärung statt um Ausgrenzung gehen muss, um Sorge für die Betroffenen.«

Prävention – das war neu. Jedenfalls die Bereitschaft zu glauben, dass Menschen dazu in der Lage sind. »Die niedergelassene Ärzteschaft war dagegen, für die war Therapie der einzig denkbare Ansatz. Bei den Aids-Hilfen war das anders, da gab es eine Bereitschaft, da war die Tür auf.« Daraus ergaben sich naturgemäß Konflikte. »Ich konnte mich ja nicht nur auf die Hauptbetroffenengruppen konzentrieren, auf die Homosexuellen oder die Drogenabhängigen. Wenn ich Erfolg haben wollte, musste ich die gesamte Gesellschaft einbeziehen, alle mussten mitmachen.«

Die erste große Aktion des Ministeriums war daher die von der Bundeszentrale für gesundheitliche Aufklärung organisierte Postwurfsendung an »alle deutschen Haushalte«, ein enormer Aufwand. »Wir wussten zu diesem Zeitpunkt nicht, ob alle Infizierten auch erkranken. Und wir mussten die Bevölkerung auf die Gefahren hinweisen. Insgesamt gab es zwei Themen zu dieser Zeit: die Gesundheits- und die Gesellschaftspolitik. Wie gehen wir mit einer ansteckenden Krankheit um? Und wie gehen wir mit den Menschen um?«

Dass die Bundestagswahl im Januar 1987 anstand, machte die Lage für die Ministerin nicht leichter. Es zeichnete sich früh ab, dass das Thema Aids eine Rolle in den politischen Auseinandersetzungen spielen würde. Peter Gauweiler schaffte es mit dem Thema 1987 sogar auf den Titel des *Spiegel*: »Einer gegen Aids«. Sein »Maßnahmenkatalog«, in dem er unter anderem die »Absonderung« von Infizierten forderte, erschreckte seinerzeit die

Betroffenen zu Tode, erfreute sich aber mit seiner Tonalität von Law and Order auch bei vielen Nichtbetroffenen einer gewissen Beliebtheit.

Gauweiler war nicht der Einzige, der in dieses Horn blies. Ein gewisser Horst Seehofer etwa, seinerzeit ein kleiner, aufstrebender CSU-Abgeordneter, forderte die Unterbringung Infizierter in »speziellen Heimen«.[88] Der bayerische Kultusminister Hans Zehetmair bezeichnete 1987 Homosexualität im Bayerischen Fernsehen als »*contra naturam*«, es handle sich um ein naturwidriges und »im Grunde krankhaftes Verhalten«; man müsse »endlich wieder den Schutz der vielen in der Bevölkerung als zentrales Ziel im Auge sehen«, statt sich zu fragen, »wer am Rand noch besser verstanden werden kann. Dieser Rand muss dünner gemacht, er muss ausgedünnt werden«.[89] Zwei Jahre darauf wurde Zehetmair Vorsitzender des Katholischen Männervereins Tuntenhausen, dem ideologischen Zentrum des politischen Katholizismus in Bayern. Die Namensgebung sorgte und sorgt stets für einigen Spott, insbesondere in den »auszudünnenden« Bereichen der Gesellschaft. Kurz, Rita Süssmuth hatte auf ihrem Weg zu einer progressiven Gesundheitspolitik durchaus ernst zu nehmende Gegner, und Bundeskanzler Kohl wusste lange schon aus rein taktischen Erwägungen nicht, welchen Weg er beschreiten sollte angesichts einer Bedrohung, die in der Bevölkerung womöglich eine Hysterie »schlimmer als Tschernobyl« auslösen würde.[90]

Es war auch die Reaktorkatastrophe im Jahr 1986, die zusammen mit der Bedrohung durch Aids und den Rüstungswettlauf der vergangenen Jahre in der Bundesrepublik für Endzeitstimmung sorgte. Konkret gab es seinerzeit in politischen Kreisen die Befürchtung, dass sich angesichts der Bedrohung durch Aids eine Partei rechts von der Union etablieren und mit autoritären Modellen punkten könnte. »Ich erinnere mich noch an eine Nacht im Februar 1987, das war vor meinem Geburtstag. Da habe ich mich nach Hause fahren lassen, nach Göttingen, und ich dachte:

Wir sind auf der Verliererstraße, wir werden es nicht schaffen, uns gegen die autoritäre Linie durchzusetzen.« Hoch her war es in dieser Woche im Bonner Kanzleramt gegangen, zur Koalitionsrunde hatte Franz Josef Strauß die allgemeine Meldepflicht für Aids-Infizierte gefordert und seinen »Kettenhund Gauweiler« (*Der Spiegel*) von der Leine gelassen, der die zwangsweise Reihenuntersuchung der Deutschen vorschlug.

Gauweiler hatte in dieser Runde Süssmuth frontal angegriffen: Sie verharmlose die Situation, verbreite falsche Zahlen. Verteidigt wurde sie vor allem von den Liberalen, namentlich Hans-Dietrich Genscher und Irmgard Adam-Schwaetzer, aber auch von Heiner Geißler, der »Ratio statt Razzia« einforderte. Rita Süssmuth selbst erinnert sich, in dieser Zeit vor allem Fragen gestellt zu haben: »Eine ständige Kontrolle – wie sollte das denn überhaupt umgesetzt werden und von wem? Und wenn alle zwangsgetestet werden sollten, wie wäre man dann mit dem Ergebnis umgegangen? Welche Konsequenzen hätte man ziehen sollen?«

Die Debatte war das eine, die Notwendigkeit zu handeln das andere: »Wie genau sind die Übertragungswege? Das war ja alles noch unklar. Die Patienten wurden mit Fingerspitzen angefasst, auch in den Krankenhäusern. Alles musste ständig auf den neuesten Stand gebracht werden, im Ministerium haben wir das wöchentlich gemacht, eine Menge Arbeit. Schließlich, im Herbst 1987 – ich kann gar nicht genau sagen, wie es passiert ist –, war schließlich eine Mehrheit für die Prävention. Und Helmut Kohl konnte ich überzeugen, indem ich Professor Gallo ins Kanzleramt einlud, den seinerzeit weltweit wichtigsten Wissenschaftler in Bezug auf HIV. Das war dann entscheidend.« Süssmuth hatte sich durchgesetzt, für die unter ihrer Verantwortung entstehende Kampagne der Bundeszentrale für gesundheitliche Aufklärung standen im Jahr 1987 rund 25 Millionen Euro zur Verfügung, die im Sinne von Gesundheitsaufklärung und Prävention eingesetzt werden konnten.

Rita Süssmuth wusste um die Unruhe in der Bevölkerung: »Nie vergessen werde ich eine Situation in der Stadthalle in Hannover, das war kurz nach Tschernobyl. Ich war umringt von einer Gruppe Frauen, die Angst um ihre Kinder hatten. Sie schrien, ohne Unterlass. Und ich habe dann gewartet, eine halbe Stunde lang, bis ich mit ihnen sprechen konnte. Es gibt Situationen, da versinken Menschen vor Ratlosigkeit in Angst – es ist wie bei der Flüchtlingskrise.« Bewusst zieht Rita Süssmuth diese Parallele, um zu illustrieren, wie aufgeladen die Atmosphäre seinerzeit war.

»In den achtziger Jahren war es nötig, eine andere Sprache zu finden – über Sexualität zu sprechen. Das Land hatte den Nationalsozialismus hinter sich, die fünfziger Jahre; es gab noch dieses Bild, dass die Menschen, die an Aids erkrankten, für ihre Sünden bestraft würden.« Die konservative, zutiefst christliche Politikerin musste nun über Anal- und Oralverkehr sprechen – und vor allem über Kondome. Der *Spiegel* zeigte sie auf dem Titel, eingehüllt in ein Ganzkörperkondom. »Ja, manchmal war ich auch Objekt«, antwortet sie auf die Frage, ob es nicht auch nerve, nach all dem Engagement bis heute auf dieses Thema festgelegt zu werden. »Rita, watt kosten die Kondome?« – noch immer denken viele, dass der Name »Rita« gerufen wird in dem legendären TV-Spot mit Ingolf Lück und Hella von Sinnen aus dem Jahr 1990. In Wahrheit ruft Hella von Sinnen den Namen »Tina«.[91]

Süssmuth blieb – und bleibt – unbeirrt: »Unsere Kommunikation über Sex war eine Nicht-Kommunikation, das ging nun nicht mehr. Und Einwände aus katholischen Kreisen gegen das Kondom konnte ich nicht akzeptieren – ich musste deutlich machen, dass dies kein gangbarer Weg ist.« Damit stellte sich Rita Süssmuth, Mitglied im Zentralkomitee der Deutschen Katholiken, eindeutig und öffentlich gegen die Position des damaligen Papstes Johannes Paul II. Doch neben heftiger Kritik erhielt sie auch viel Unterstützung. »Hilfe kam von allen möglichen Seiten, manchmal völlig unerwartet«, von der Diakonie etwa oder der Caritas.

Süssmuth erwähnt auch die Bläck Fööss, die Kultband aus Köln, die bis heute auf Benefizveranstaltungen für die Aids-Hilfe spielt, und natürlich die Infizierten und ihre Freunde, die gegen die Krankheit kämpften – Rita Süssmuth hatte verstanden, dass die Betroffenen eingebunden und ermächtigt werden mussten.

»Wie lange es allein schon gedauert hat, den Paragrafen 175 abzuschaffen«, erinnert sich Süssmuth, »aber Veränderung ist möglich, zusammen mit den Menschen. Das hat mich Aids gelehrt. Aids hat in der Gesellschaft viele Durchbrüche bewirkt – nicht nur im Umgang mit Minderheiten. Es war auch ein Generationswechsel in dieser Zeit, die Leute aus der NS-Zeit traten ab, auch in den medizinischen Berufen. Ich weiß noch, wie es war, wenn in den Innenstädten von Köln oder Düsseldorf Spenden gesammelt wurden für die Aids-Hilfe, da war es leicht, Geld von den Jüngeren zu bekommen. Die Älteren waren oft nicht bereit, dieses ›abwegige Verhalten‹ auch noch zu unterstützen.«

Wieder zieht Rita Süssmuth einen Vergleich zur »Flüchtlingskrise«. Es lässt sie nicht los, »die brennenden Flüchtlingsheime, die Übergriffe. Die Phase der Willkommenskultur war so kurz. Nun heißt es nur noch: Wie schützen wir uns vor denen?«

Im Jahr 1985 war Rita Süssmuth – verheiratet, eine Tochter – 48 Jahre alt. Bevor sie auf Empfehlung von Heiner Geißler Ministerin wurde, war sie Professorin für Erziehungswissenschaft an der Universität Dortmund, Direktorin des Forschungsinstituts Frau und Gesellschaft sowie Vizepräsidentin des Familienbundes der Deutschen Katholiken. Eine Frau, die sowohl christlichen Werten verpflichtet war als auch der Frauenemanzipation mehr als aufgeschlossen gegenüberstand.[92] Weder mit Drogenabhängi-

Bundesgesundheitsministerin Rita Süssmuth bei der Berliner AIDS-Hilfe mit deren damaligem Vorsitzenden, Jörg Stubben, Juli 1988.

MIT KONDOM
HYDRA
Berliner
AIDS-Hilfe e.V.
Ich bin dabei

gen noch mit Prostituierten oder Homosexuellen hatte sie bis dahin viel zu tun gehabt.

Das sollte sich ändern. Einer ihrer Referenten war schwul, er starb jung, an den Folgen von Aids. Er war zunächst ihre Verbindung in die Welt der Homosexualität. Erstmals fand sie im Zuge der Aids-Krise auch den Weg in die Akademie Waldschlösschen, ein schwules Selbsthilfezentrum, idyllisch im Wald bei Göttingen gelegen, Süssmuths Wahlkreis. »Dort habe ich Menschen kennengelernt, abseits der Klischees, die man von Homosexuellen hatte. Menschen mit einem Gefühl für Zärtlichkeit, die auch mit Kindern umgehen konnten. Das war für mich eine Entdeckung.« Anderes hat sie schockiert: »Der Umgang mit Sexualität in der Szene, der Fleischmarkt, das Unpersönliche – mit Simone de Beauvoir würde ich sagen, dass es sich da oft eher um unmenschliche sexuelle Beherrschung handelt als um beherrschte Sexualität; warum haben wir die Sexualität aus der Tabuisierung befreit, wenn wir dann so mit ihr umgehen?«

Dass ihr 1988 die Verantwortung für den weiteren Umgang mit Aids entzogen wurde, hat sie überrascht; »morgens kam ein Anruf, ich solle die Nachfolge von Jenninger übernehmen«. Sie wurde Bundestagspräsidentin und blieb es viele Jahre. »Dabei war noch so viel zu tun. Was sollte aus den Betroffenen werden? Wie würde die CDU in Zukunft handeln?« Doch die entscheidenden Weichen waren gestellt, im Sinne Süssmuths und eines vernünftigen Umgangs mit HIV. Die Zeit, in der sie aktiv mit der Epidemie konfrontiert war, wird sie nie vergessen, auch nicht die Menschen, die sie kennengelernt und dann so schnell verloren hat: »Es war oft ein harter Abschied. Ein qualvolles Ende. Das Sterben, der Tod war gewiss.« Und was ist geblieben? »Die Menschen haben ein anderes Selbstverständnis bekommen, Tabus sind aufgebrochen. Eltern sind nicht mehr so entsetzt, wenn sie erfahren, dass ihr Kind homosexuell ist. Und vor allem wurde klar: Veränderung ist möglich.«

Exakt zum Ende der verabredeten Gesprächszeit blickt Süssmuth auf die Uhr, morgen früh um neun ist der nächste Termin. Eine Frage noch zum Schluss, ob sie noch in Kontakt stehe mit Peter Gauweiler, ihrem Widersacher von einst, der für dieses Buch als Gesprächspartner nicht zur Verfügung stand. »Ich erinnere mich, dass ich gefragt wurde, ob ich nicht an der Festschrift zu seinem sechzigsten Geburtstag mitwirken möchte – in diesem Fall habe ich das nicht getan. Ich wollte im Nachhinein keine Beziehung herstellen, wo keine war. Die hätten wir damals gebraucht.« Oft, sagt sie, seien in ihrem Leben Freundschaften aus Konflikten entstanden, mit Gauweiler aber war das nicht so, »er hat seine Identität, ich habe meine. Retrospektiv hat er mir auch sehr geholfen zu klären, was zu klären war. Was bringen Zwangstests, was bewirken sie für das Ziel, das man haben muss?« Er war nützlich, weil er aufzeigte, was das Falsche war. Und Rita Süssmuth traf wahrscheinlich die richtige Entscheidung, als sie sich verweigerte: »Ich wollte nicht signalisieren, dass ich halb bei Gauweiler und halb bei den Betroffenen bin. Manchmal muss man Konflikte eben aushalten.«

Die Rettung der Lust: Martin Dannecker

Es ist eine bürgerliche Wohngegend in Westberlin, Halensee. Erst vor ein paar Jahren ist Martin Dannecker, einer der »Gründerväter« der letzten deutschen Schwulenbewegung, von Frankfurt am Main hierhergezogen, nach seiner Pensionierung. Zuvor hatte er als außerordentlicher Professor am Institut für Sexualwissenschaft des Klinikums der Johann Wolfgang Goethe-Universität gelehrt, einem legendären Institut, das 2006 geschlossen wurde, nachdem es im Zuge inneruniversitärer Verteilungskämpfe unter die Räder geraten war.

»Komm rein, der nächste Gast kommt schon um Viertel vor sechs«, sagt Dannecker zur Begrüßung, es ist ein Winternachmittag, im Arbeitszimmer ist es warm, es riecht nach Büchern, die sich in den Regalen drängen, und nach Zigarettenrauch.

Dannecker, Jahrgang 1942, zündet sich eine Dunhill an. »Hier, in diesem Raum, mache ich auch die Therapien – wenn ich noch welche mache.« Er ist Sexualpsychologe und bis heute einer der wenigen, die zum Thema Homosexualität forschen, auch zu HIV/Aids. 1974 hat er zusammen mit dem Psychoanalytiker Reimut Reiche, einst Vorsitzender des Sozialistischen Deutschen Studentenbundes (SDS), die große empirische Studie *Der gewöhnliche Homosexuelle* veröffentlicht. Er war Koautor bei Rosa von Praunheims *Nicht der Homosexuelle ist pervers* und hat 1971 die Emanzipationsgruppe Rote Zelle Schwul (RotZSchwul) mit gegründet.

Heute zählt Dannecker zu den »Dinos« der Schwulenbewegung, ein hochlebendiger Dinosaurier allerdings, der weiterhin forscht, etwa zur Internetsexualität, und überall präsent ist, in Gremien und auf Veranstaltungen. Ein immer noch gefragter Mann, so viele von seiner Sorte gibt es in Deutschland nicht; die Sexualforschung führt hierzulande seit der Zerstörung von Magnus Hirschfelds Berliner Institut durch die Nazis ein recht stiefmütterliches

Dasein. Volkmar Sigusch, Gunter Schmidt, der verstorbene Günter Amendt, Sophinette Becker – und eben Martin Dannecker, das sind die großen Namen auf diesem Gebiet, allesamt Mitglieder der Deutschen Gesellschaft für Sexualforschung, die seit 1950 besteht und deren Vorsitzender Dannecker gegenwärtig wieder ist.

Das Gespräch kommt auf Peter Gauweiler, der bis heute juristisch dagegen vorgeht, wenn man ihm im Zusammenhang mit der Aids-Krise eine Wortwahl unterstellt, die mit dem Dritten Reich in Verbindung gebracht werden könnte.[93] Und auf Horst Seehofer, der als CSU-Politiker »gesonderte Heime« für Positive gefordert hatte. »*Gesonderte* Heime gab es später ja tatsächlich, ohne dass das gefordert worden wäre – was anderes waren denn die Hospize? Natürlich, das waren diskriminierungsfreie Räume, aber es waren – unter positivem Vorzeichen – eben doch abgesonderte Räume. Manchmal berühren sich die Extreme«, sagt Dannecker und kommt zurück auf Gauweiler: »Koch, ein Landarzt, der in Schweden gearbeitet hatte, das war seinerzeit der wissenschaftliche Einflüsterer von Gauweiler – und der hat eine rigorose, gnadenlose Politik gefordert.« Er meint Michael G. Koch, der sich vor dem Hintergrund seiner angeblichen Erfahrungen mit Aids in Schweden erfolgreich zum Seuchenexperten erklärt hatte und schließlich Beauftragter des bayerischen Innenministeriums geworden war. Als solcher hatte er unter anderem das sogenannte »Contact Tracing« propagiert, das notfalls unter Zwangsmaßnahmen zu bewerkstelligende Zurückverfolgen von Infektionsketten (das es in der von ihm geforderten Härte so nie in Schweden gegeben hat).[94]

Im Januar 1987 waren Gauweiler und Dannecker persönlich aufeinandergetroffen, zu einem *Spiegel*-Streitgespräch in München. Gauweiler sagt in dem Gespräch Sätze wie: »Zunächst einmal müssen wir die Angehörigen der Risikogruppen erfassen, also männliche und weibliche Prostituierte, Häftlinge und Drogenabhängige. Die sollten sich regelmäßig untersuchen lassen müssen. [...] Der Infizierte muß sich unter Einschränkung seiner

Persönlichkeitsrechte Auflagen gefallen lassen – zum Beispiel Informationspflichten, Enthaltungspflichten, bestimmte Tätigkeitsverbote [...].«[95]

Der Nationale Aids-Beirat, dessen Mitglied Martin Dannecker war, hatte gerade beschlossen, keine Meldepflicht für Aids einzuführen. Gauweiler schäumte: »Daß ausgerechnet Sie, Herr Dannecker, von einer CDU-Ministerin dazu berufen worden sind, rundet das Bild von der Bonner AIDS-Politik nur ab«, schließlich werfe man Dannecker »sogar in der homosexuellen Szene« vor, er würde mit »verharmlosenden Äußerungen der Ausbreitung der Krankheit Vorschub leisten«, eine Anspielung auf die auch innerhalb der Schwulenszene geführte Abstinenzdebatte.[96]

Dannecker im *Spiegel*, ausgerechnet dem Nachrichtenmagazin, in dem Hans Halter (der auch, zusammen mit dem Initiator der Zusammenkunft, dem liberaleren Hans-Wolfgang Sternsdorff, das Gespräch im bayerischen Innenministerium führte) seine apokalyptischen Artikel veröffentlicht hatte. In einem Ableger der linken Zeitschrift *Konkret*, der *Sexualität konkret*, war im Jahr zuvor ein offener Brief Danneckers an den *Spiegel*-Herausgeber Rudolf Augstein erschienen,[97] der mit den Worten endet: »Im ›Spiegel‹ wird seit nunmehr vier Jahren ein antihomosexueller und minderheitenfeindlicher Fortsetzungsroman veröffentlicht. Von diesem haben sich Abertausende in ihrem Selbstgefühl beleidigt und in ihrer Angst bestätigt gefühlt. Ein solches Stück, so haben Sie anläßlich der Diskussion um das Schauspiel von Fassbinder geschrieben, dürfe nicht gespielt werden. Bitte sorgen Sie in Ihrem eigenen Haus für das Absetzen der menschenfeindlichen Berichte über die von Aids so schrecklich gebeutelten sozialen Minderheiten.«[98]

Dannecker zündet sich in aller Ruhe eine weitere Dunhill an. »Eine Hysterie«, sagt er, »es war eine Hysterie, die alle Teile der Gesellschaft erfasst hatte – und man konnte sich da positionieren.« Gauweiler war für Dannecker insofern eine wichtige Figur, als man mit ihm die liberale Politik durchsetzen konnte, »man brauchte ihn geradezu. Wir haben das im Nationalen Aids-Beirat damals strategisch genutzt. Man setzte taktisch etwas, um das Reaktionäre zu evozieren, das Gauweiler auch prompt lieferte. Dann konnte man wieder reagieren und das Progressive durchsetzen.« Heute würde nur noch in Gegensätzen gedacht, »wer denkt denn heute noch dialektisch? Man brauchte den Gauweiler ja regelrecht, um progressive Positionen durchsetzen zu können. Er selbst hat Aids schlicht instrumentalisiert, um sich zu positionieren – um bekannt zu werden, und das hat ja auch funktioniert. Ganz anders als Süssmuth, die heute auch stark mit Aids assoziiert wird, ihr aber ist das damals zugefallen, sie ist da nicht strategisch vorgegangen.«

Das Reaktionäre gab es auch in der Homosexuellenszene selbst. »Haeberle spielte in dieser Debatte auch eine zwielichtige Rolle«, erinnert sich Dannecker. Erwin Haeberle, ebenfalls Sexualwissenschaftler, war ab 1988 für das Robert-Robert-Koch-Institut tätig (und von 1994 bis 2000 Leiter des dort angesiedelten Archivs für Sexualwissenschaft). Bezüglich der Aids-Prävention hatte er früh zu Enthaltsamkeit geraten und unter anderem Telefonsex propagiert. Bei Politik und Medien fand er zwar Gehör, von deutschen Sexualforschern aber wurde er in der Regel stark kritisiert.[99] Doch unter den homosexuellen Männern gab es auch Stimmen, die auf noch radikalere Weise Verzicht predigten. Die bereit waren, die sexuellen Errungenschaften und Freiheiten aufzugeben. »Das war genau das, was Hans Halter von mir wollte: Er wollte, dass ich ihm einen Artikel schreibe, in dem ich bekenne, dass wir Fehler gemacht haben. Dass es falsch war, herumzuvögeln – also das, was dann Rosa von Praunheim gemacht hat.«[100]

Martin Dannecker und Rosa von Praunheim brachen miteinander über Aids. »Wir, die wir uns für Safer Sex engagierten, wir seien schuld am Tod der anderen – so lautete der Vorwurf. Heute muss man natürlich sagen: Rosa hatte einfach panische Angst.« Die Auseinandersetzungen zwischen den einstigen Weggefährten war hart; nicht nur, dass schlecht übereinander gesprochen wurde. Der Disput drehte sich im Kern um die Frage, wie angesichts von Aids schwules Sexualverhalten zu bewerten und zukünftig zu gestalten sei. Während Praunheim sich dafür einsetzte, die Promiskuität einzustellen, kämpfte Dannecker dafür, so viel Lust wie möglich zu retten.

Der Dialog zwischen den beiden hatte seinen Anfang in einem Streitgespräch von 1987 genommen, in dem Dannecker Praunheim vorwarf, im *Spiegel* einen öffentlichen Kniefall geleistet zu haben, während Praunheim Dannecker vorhielt, er habe, um den Rechten keinen Vorschub zu leisten, zu lange über die Verhältnisse in der Schwulenszene geschwiegen und sich stattdessen in die Theorie geflüchtet. Durch die öffentliche Verharmlosung von Aids habe Dannecker vielen Homosexuellen die Legitimation dafür geliefert, ihr Verhalten nicht zu ändern.[101]

Der öffentlich geführte Disput wurde schließlich auch ein persönlicher, die einstigen Kampfgefährten entzweiten sich. Die Verwerfungen, welche die Aids-Frage innerhalb der Homosexuellen-Bewegung auslöste, waren groß; »in der Deutschen Gesellschaft für Sexualforschung gab es eine interne Sitzung, das war unglaublich, da ging es darum, ob einer von uns über die Klinge springt, Günter Amendt oder ich.« Amendt fürchtete, dass es zu einer Repressionswelle kommen könnte, wenn man in der Öffentlichkeit kommuniziert, dass Homosexuelle »herumvögeln«, während Dannecker eingewilligt hatte, im Auftrag der Regierung eine Studie über das Sexualverhalten schwuler Männer zu erstellen. Drei offene Briefe hatte Amendt via *Konkret* an Dannecker gerichtet, auf die Dannecker nicht reagierte. Der Disput endete vorerst damit, dass Amendt zum Boykott der Studie aufrief.

Dannecker wandte sich vehement gegen die Vorstellung, Monogamie und Treue seien Ausdruck einer (heterosexuellen) Normalität, an der man sich zu orientieren habe. »Alle Homosexuellen sind tendenziell promisk. Und alle Homosexuellen sind tendenziell beziehungsfähig. Es ist eine Gleichzeitigkeit, und genau die wurde nun ein Stück weit aufgelöst, weil sie gleichzeitig die Angriffsfläche war. Aids hat einen Rückschritt bedeutet – bestimmte Ausdrucksformen von Sexualität wurden diskreditiert, und das wurde dann politisch ausgenutzt.« Damit meint er durchaus auch die Propagierung der sogenannten Homo-Ehe seit Beginn der neunziger Jahre: »Ich habe überhaupt nichts dagegen, wenn sich homosexuelle Paare öffentlich zeigen. Aber sie zeigen sich meist im heteronormativen Gewand, so dass dann alle annehmen: Ja, die sind genauso wie alle anderen auch. Aber dass sie möglicherweise eine erfolgreiche offene Beziehung führen, wird gern unterschlagen. Es ist die Verleugnung der zweiten Seite, des Promisken, die mich stört.«

Durch Aids verloren schwule Männer ihr Leben, ihre Partner, ihre Freunde – und nicht wenige verloren auch ihre Sexualität, die gerade erst enttabuisiert worden war. »Ich kann mich an so viele Briefe erinnern, die ich damals bekommen habe, auch an Patienten. Es gab plötzlich so viele schwule Männer, denen ihr bisheriges Leben als falsch gelebt erschien, und das habe ich nie mitgemacht. Alles, was vorher war, als genuin falsch, als minderwertig anzusehen? Das kann man nur sagen, wenn man vorher schon Zweifel hegte. Es ist eben nicht leicht sich zu positionieren in einer Zeit des Aufbruchs, das hatte ja einen Sog, etwas Gruppenverführerisches – das galt für die sexuelle Befreiung wie für das Politische. Auch so manche Linke wurden ja zu Renegaten und diskreditierten dann in der Regel das, was sie vorher hochgehalten hatten.« Für nicht wenige sei mit der Utopie, heiraten zu können und ein bürgerliches Leben zu führen, »schlicht eine Rettungsfantasie verbunden« gewesen: endlich auf der richtigen – und somit auch sicheren – Seite zu stehen.

Dannecker war sich im Gegensatz zu Amendt sicher, dass die »zivilisatorischen Kräfte halten würden«. Schon bei der Ausstrahlung des Films *Nicht der Homosexuelle ist pervers* sei die Angst groß gewesen, dass diese Offenlegung der Verhältnisse zu Repressionen führen würde, »und das ist dann ja auch nicht eingetreten«. Ähnlich sei es bei der Aids-Krise gewesen: »Da war ein Punkt, an dem klar wurde: Es gibt eine Abneigung gegen Homosexuelle, diese geht aber nicht so weit, dass man sagen würde: Die sollen nun ruhig alle sterben. Es gab und gibt eine tiefere, verdrängte Antihomosexualität – sie zeigt sich insbesondere, wenn die eigenen Kinder betroffen sind. Aber die Gesellschaft hat es geschafft, damit zivilisiert umzugehen.«

Martin Dannecker plädierte und plädiert für das Unaufgeregte, auch wenn es um Aids geht. Die Kriegsmetaphorik, die gern für den Kampf gegen Aids verwendet wird, gefällt ihm nicht. »Es war kein Krieg, ein Krieg wird von Menschen gemacht, strategisch in die Welt gesetzt. Es war ein Virus, das in der Schwulenszene auf relativ gute Bedingungen stieß. Wer solche Begriffe benutzt, macht sich mit der Hysterie gemein, wird Teil von ihr.«

Und die Hysterie war groß. »Was für ein Unsinn das war, bei jedem Gesundheitsamt Aids-Berater einzustellen. Das Geld hätte man sinnvoller ausgeben können, denn Aids war ja durchaus mit bestimmten Lebensstilen verbunden. Dennoch war es richtig damals, die Gesamtbevölkerung zu beruhigen.« An der Wahrnehmung, dass Aids die Krankheit der Anderen sei, war ja durchaus etwas dran: »Die Zahl der Infektionen war bei den Schwulen viel höher. Und sie mussten ihr Sexualverhalten ändern – das war eine enorme Leistung.« Der laut Dannecker in den siebziger Jahren allmählich enttabuisierte Analverkehr fand, ebenso wie Oralverkehr, wenn überhaupt, nur noch eingeschränkt statt. Dafür blühte die gemeinschaftliche Selbstbefriedigung, bei der sich die Sexualpartner kaum mehr berührten.

Der vor der Aids-Krise übliche, völlig unbedarfte Umgang mit Körperflüssigkeiten musste in kurzer Zeit einer Art Hochsicherheitspolitik weichen, wie Dannecker in seiner im Auftrag der

Bundesregierung angefertigten Studie *Wie leben schwule Männer heute?* beschreibt, die Grundlage für seine Publikation *Der homosexuelle Mann im Zeichen von Aids* aus dem Jahr 1991 war. In einer Tabelle stellte Dannecker darin das Sexualverhalten homosexueller Männer vor und nach Aids (außerhalb fester Freundschaften) gegenüber. Demnach hatten vor Aids 43 Prozent »Rezeptiven Oralverkehr mit Spermaaufnahme, ohne Kondom«, nach dem Bekanntwerden der Gefahren von Aids nur noch 3 Prozent. »Rezeptiver Analverkehr mit Spermaaufnahme, ohne Kondom« ging von 32 Prozent (vor Aids) ebenfalls auf 3 Prozent (nach Aids) zurück.[102]

»Es war ja am Anfang von Aids eine Sexualität des Verzichts. Und die unglaubliche Folge war, dass viele schwule Männer gar keine Lust mehr auf Sex hatten. Sie fühlten sich verunsichert, hatten Angst. Die Aids-Hilfen haben mithilfe des Kondoms versucht, die Lust zu retten. Für Heteros ist Aids immer vergleichsweise weit weg geblieben – für die schwulen Männer hingegen war es ein Unterschied ums Ganze.« Verhaltensänderungen sind das Schwerste, und dann auch noch das eigene Sexualverhalten ändern, auf zentrale Elemente des Begehrens verzichten? Menschen fällt es schon schwer, sich regelmäßig die Zähne zu putzen, um sich vor Karies zu schützen. Dannecker will darauf hinaus, welche enorme Leistung die angeblich so zügellosen Homosexuellen erbringen mussten.

Im Aschenbecher liegt die vielleicht vierte Zigarettenkippe, der restliche Kaffee in den Tassen ist erkaltet. Wir haben viel über die Geschichte von Aids gesprochen. Aber wie ist es ihm persönlich ergangen mit Aids? Welche Rolle haben diese vier Buchstaben in seinem Leben gespielt, jenseits wissenschaftlicher Studien? »Zu Anfang«, sagt er, »wollte ich mich dem Thema eigentlich gar nicht in einer aktivistischen Position nähern – ich hatte schon genug mit der Schwulenbewegung an der Backe. Nachdem dann aber die Lage immer hysterischer wurde und es schon hieß, der

Immobilienmarkt bräche zusammen, haben wir von der Gesellschaft für Sexualforschung aus eine Erklärung abgegeben.[103] Und irgendwann sagte ein befreundeter Journalist zu mir: ›Martin, das kannst du dir nicht aussuchen.‹«

Dannecker nahm sich des Themas an, wurde schließlich sogar Mitglied im Nationalen Aids-Beirat. »Da saßen nur Mediziner rum, Götter in Weiß, für die war ich als Psychologe so eine Art Hilfswissenschaftler – bis ich den Herren irgendwann sinngemäß gesagt habe: ›Ich habe vielleicht keine Ahnung von Virologie, aber Sie auch nicht von Beratung und von der Seele. Also mischen sie sich auch nicht ein.‹ Das war dann ein Durchbruch.«

Und privat? »Ein guter Freund von mir war schon an Aids gestorben – und eines Tages kam ich zurück von einer Tagung, da sagte mein Lebensgefährte Rüdiger zu mir: ›Du kannst jetzt nicht mehr so viel verreisen.‹« Das war schon ein deutliches Zeichen, dass etwas nicht stimmte, »auch wenn ich das erst mal abgewehrt habe«. 1989 ging es Rüdiger dann so schlecht, dass er einen befreundeten Internisten aufsuchte. Es stellte sich dann heraus, dass er Aids hatte. »Nur noch achtzehn Helferzellen« – bei einem gesunden Menschen sind es zwischen 400 und 1500 pro Mikroliter Blut –, »das muss er vorher schon körperlich gespürt haben. Er musste in die Klinik, und als er wieder rauskam, stabilisierte er sich zunächst, auf einem niedrigen Niveau. Wir sind danach nach Italien gefahren, in das Ferienhaus – bis heute gibt es dort die sogenannte Aids-Hecke, die wir damals gepflanzt haben. Das war aufwendig, und ich weiß noch, dass Rüdiger scherzte: ›Warum muss ich eigentlich so viel arbeiten, ich hab doch Aids.‹«

Eines Tages ist Rüdiger im Badezimmer ausgerutscht. »Ich hielt ihn – ich habe sofort vermutet, dass er Toxoplasmose hat, und ihn in die Klinik gebracht. Und vier Tage später stellte sich heraus, dass er tatsächlich Toxoplasmose hatte.« Toxoplasmose, das ist eine weitverbreitete Infektionskrankheit, die meist Katzen befällt, aber auch auf den Menschen übertragbar ist – über Katzenkot, aber auch zum Beispiel über den Verzehr von kontaminiertem Fleisch. Eine eigentlich harmlose Angelegenheit, die höchstens für ungeborene Kinder im Mutterleib gefährlich ist – und für Menschen mit geschwächtem Immunsystem: Bei Menschen mit dem Vollbild Aids kann sie eine Hirnhautentzündung auslösen, die neurologische Ausfälle und auch den Tod zur Folge haben kann.

»Ich habe relative vieles früh bemerkt und habe ihn dann immer wieder ins Krankenhaus gebracht. Das Gute war ja, dass ich dort gearbeitet habe – da konnte ich recht unkompliziert sagen: ›So, der muss jetzt aufgenommen werden‹, und habe auch immer die entsprechenden Experten finden können. Später hat er sich dann noch einen Pilz zugezogen, da wurde es richtig kritisch, das konnte man eigentlich nicht behandeln. Aber da gab es eine Frau, die sich gerade habilitierte, und die hatte ein Mittel, das man aber nur verabreichen konnte, nachdem man es erhitzt hatte. Weil wir kein Thermometer hatten, habe ich mein Küchenthermometer zu Hilfe genommen – es gab da immer auch diese Elemente des Komischen«, sagt Dannecker und stockt. »Nun bin ich doch ergriffen.« Er sagt es mit Erstaunen. Nach all den Jahren ist der Schmerz noch da. Zu diesem Zeitpunkt waren sie noch einmal mit dem Schlafwagen nach Florenz gefahren, noch einmal Italien. Rüdiger kam auch dort noch mal ins Krankenhaus. »Aber er wollte dann nach Hause, um dort zu sterben.«

Als es dann 1991 passierte, war Martin Dannecker gerade in Berlin. »Wir waren mit einem Analytikerpaar befreundet, und die hatten mich gewarnt. Ich solle mich nicht wundern, wenn er in meiner Abwesenheit stirbt. Aber es war eben doch tragisch – ich war in Berlin, um mich um meine Zukunft zu kümmern, es ging um Berufliches, an der Humboldt-Universität sollte damals ein Institut für Sexualwissenschaft eröffnet werden Und er starb zu Hause in Frankfurt.« Die Ereignisse dieses Tages sind eingebrannt geblieben. »Ich wachte auf morgens, im Gästehaus der Humboldt-Universität, am Alexanderplatz. Ich war spät dran und bin zum Flughafen Tegel gerast – Kranke brauchen doch Verlässlichkeit, und ich hatte Rüdiger zugesichert, um die Mittagszeit wieder zu Hause zu sein. Der Flieger stand schon auf dem Feld – und ich habe zu der Stewardess gesagt: ›Ich muss in diese Maschine!‹, wohl mit einer solchen Dringlichkeit, dass sie es mir tatsächlich ermöglicht hat. Aber als ich in Frankfurt ankam, war Rüdiger gestorben.«

Neunzehn Jahre waren sie zusammen gewesen, seit beide neunundzwanzig waren. »Kurz bevor er starb, hat er mir gesagt, dass ich jemand anderen finden soll, jemanden, der gut zu mir ist – auch gesagt hat er: Jetzt können wir gar nichts mehr machen. Und was haben wir doch für geile Sachen gemacht. Er hat eben nicht gesagt: Wir haben das falsche Leben gelebt. Sondern: Das, was wir sexuell gelebt haben, war gut. Und das macht eben einen Unterschied.« Es war klar, dass Rüdiger stirbt und Martin Dannecker lebt, »wir waren uns dessen bewusst, und wir haben darüber geredet. Wenig Verleugnung haben wir an den Tag gelegt, das ist relativ gut gelungen. Ich habe mich dann, nach langem Überlegen, habilitiert, hielt meine Antrittsvorlesung.«

Auch Martin Dannecker hatte, wie so viele negative schwule Männer in dieser Epoche, seinen Partner verloren und musste nun alleine weiterleben. »Da war eine Überschattung – es ging alles weiter mit dem schwulen Leben, dem Alltag. Es gab Safer Sex, manchmal auch unsafen Sex. In den Bars wurde getrunken, in den Clubs getanzt. Aber es ist niemandem gelungen, total zu leugnen, was da passiert ist. Als ob über allem plötzlich ein Schleier liegen würde – und ganz konkret war es ja so, dass es seit dem Auftreten von Aids eine Angst vor dem Näherkommen gab, eine konkrete Angst vor dem Leib des Gegenübers, explizit vor dessen Körperausscheidungen. Wo vorher das Abenteuer lockte – Darkrooms etwa waren ja etwas Neues gewesen –, war nun ein Konzept der Vorsicht.«

Seither hat sich Dannecker nicht mehr zurückgezogen aus der Verantwortung, heute ist er Ehrenmitglied der Deutschen AIDS-Hilfe, gehört einer Reihe von Gremien an, ist auf vielen

Veranstaltungen präsent. Ob er der These zustimme, dass das mühsam propagierte Kondom mittlerweile aus der Mode geraten ist? »Widerstände gegen das Kondom hat es immer gegeben, und die Schwulen haben es trotzdem gemacht – bis heute ist der Anteil der Schwulen, die Kondome benutzen, wesentlich höher als bei Heterosexuellen. Die Schwulen sind ja, was Sexualität angeht, regelrecht überforscht.« Über zwanzigjährige Heterosexuelle hingegen wisse man vergleichsweise wenig, auch nicht über ihr Schutzverhalten.

Zweimal im Jahr macht er ein sogenanntes Gesundheitstraining, bei dem es um HIV, Sexualität und Beziehung geht. »Wenn Jüngere mit der Diagnose ›positiv‹ kommen, ist der Schock zwar kurzzeitig groß, dann aber wird das recht schnell integriert – und doch gibt es immer wieder junge Männer, die unter schwersten Schuldgefühlen leiden, was mit der Einstellung zur eigenen Sexualität insgesamt zusammenhängt.«

Die Angst, die große Todesangst, die bis Mitte der neunziger Jahre vorherrschte, »die gibt es allerdings nicht mehr. Früher, wenn du einen Freund angerufen hast und von ihm wissen wolltest: ›Wie geht es dir?‹, dann war das eine existenzielle Frage, das war keine rhetorische Formel. Heute ist ›Wie geht's?‹ wieder banal, und das ist gut so.«

Gibt es womöglich sogar zu wenig Angst – in Berlin, da sind sich Beobachter einig, benutzen Männer, die Sex mit Männern haben, relativ häufig kein Kondom. »Berlin ist eine Ausnahme«, sagt Dannecker, die Hauptstadt mit ihrem Versprechen des ausufernden Nachtlebens verstärke die ambivalente Haltung gegenüber den Geboten des Safer Sex, »wenngleich es unsafen Sex ja immer gegeben hat. ›Bareback‹, das ist ein Konstrukt, das unmittelbar mit der Präventionspolitik zusammenhängt, das muss man sich klarmachen.«

Bereits in *Der homosexuelle Mann im Zeichen von Aids* hat sich Dannecker mit dem angst- und hysteriebesetzten Thema »unsafer Sex« beschäftigt. Er beschreibt, dass es dazu in der Regel nach wechselseitigem, meist stillschweigendem Einverständnis komme. Schon zur Zeit der Aids-Krise verwahrte er sich gegen jede Form von Kriminalisierung und betonte die individuelle Verantwortung. Heute fühlt er sich in dieser Haltung bestätigt: »Es ist ja auch selten zu Gerichtsverfahren gekommen im Falle einer Ansteckung; wenn, dann handelte es sich meistens um Liebespaare, die auseinandergegangen waren.« Inzwischen haben sich die Rahmenbedingungen, unter denen das Thema verhandelt wird, grundlegend geändert: »Wer positiv ist und Medikamente nimmt, ist nicht mehr ansteckend – schon haben viele schwule Männer für sich herausgefunden, dass es ›geiler ist, mit Positiven zu ficken‹.«

In den achtziger und neunziger Jahren wären solche Diskussionen unvorstellbar gewesen. Wie ein Damoklesschwert schwebte Aids weiterhin über jeder homosexuellen Existenz, man lief Gefahr, Freunde und Geliebte durch die Infektion zu verlieren – oder die eigene Gesundheit. »Ich habe nach dem Tod von Rüdiger lange gebraucht, bis ich mich wieder in der Welt orientieren konnte. An Sexkontakte war anfangs überhaupt nicht zu denken. Später, so um 1993, habe ich mal jemanden kennengelernt, mit dem hätte es etwas werden können. Aber als er sich mir offenbarte, mir also mitteilte, dass er positiv sei, musste ich ihm sagen, dass ich nicht in der Lage wäre, das noch ein zweites Mal durchzustehen. Das hat er verstanden.« Was aus dem Mann geworden ist, weiß Martin Dannecker nicht.

Ist er selbst nicht auch ein Überlebender? Nach alldem? »Nein, Überlebende, das sind die Infizierten, die es irgendwie bis Mitte der Neunziger geschafft haben. Für die mag der Begriff zutreffen. Bei allen anderen wäre es eine Anmaßung.« Er sagt dies mit Schärfe, bevor er es noch strenger formuliert: »Es ist eine Unverschämtheit, sich so zu bezeichnen. Eine Unverschämtheit gegenüber all den Menschen, die in dem Bewusstsein leben mussten, so bald zu sterben.«

The Joy of Dialogkommunikation: Hans Hütt

Wie rechnet man ordnungsgemäß vierzig Holzdildos als »Fremdkosten« ab – beim Bundesverwaltungsamt? Solche und ähnliche Fragen mussten sich Hans Hütts Kollegen stellen, die bei Leipziger & Partner, seinerzeit eine der größten PR-Agenturen Deutschlands, ab 1985 für die Kampagne »Gib Aids keine Chance« tätig waren. So staatstragend dies klingt, so slapstickhaft muss man sich die Szenerie vorstellen, die sich dann abspielte: »Die Kollegen gingen in eine Schwesternschule, in einem ehemaligen Kloster – und hinter jeder zweiten Säule versteckte sich ein hochroter Ministerialbeamter. Sie hatten ihre Moderationskoffer dabei, erst gab es ein paar Fragen. Und dann, tja, dann kamen die Holzdildos! Die Schwesternschülerinnen sollten vormachen, wie das geht mit dem Kondom, ›mach das mal so, wie du es mit deinem Partner machen würdest‹ … Also: Da ging der Blutdruck schon ziemlich hoch.« Fortan galten die Agenturleute aus Frankfurt, meist junge Akademiker, als die »FLB«-Truppe: Ficken – Lecken – Blasen.

Auf unerklärliche Weise sieht Hans Hütt, Jahrgang 1953, noch immer aus wie ein Mann in seinen Zwanzigern, besonders wenn er sein Gegenüber aufmerksam fixiert. Er versteht es, Worte für das Grauen von damals zu finden: »Ein in den Solarplexus ziehender Gefühlssturm, der unvergesslich bleibt.« Worte sind seine Profession, Hans Hütt arbeitet heute als freier Autor und Journalist. Er hat einen Blog, twittert rege, schreibt für die FAZ und die *taz*, ist in der Berliner Kunst- und Kulturszene präsent. 1989 war er von Berlin nach Frankfurt am Main gezogen, wechselte nach einem Jahr als Wissenschaftlicher Mitarbeiter in den Agenturjob, später ging er nach London und von dort nach Darmstadt, um eine Stiftung zu leiten. Seit 2001 ist er zurück in Berlin, arbeitet als Freelancer, »der Unabhängigkeit zuliebe«.

Dialogkommunikation war Mitte der achtziger Jahre noch etwas völlig Neues in Deutschland und begann sich erst allmählich durchzusetzen. Hans Hütt fasst den damaligen kommunikativen Befund der Agentur zusammen: »Mit den Mitteln herkömmlicher Informationsarbeit war es nicht möglich, die breite Bevölkerung für ein risikominderndes Verhalten zu gewinnen. Seuchenrechtliche Zwangsmaßnahmen kamen nicht in Betracht. Es bedurfte einer neuen Strategie. Ihren Ausgangspunkt fand sie in einer ethischen Haltung gegenüber Aids, um Verunsicherungen und Verdrängungsmechanismen abzubauen. So sollte die Kampagne eine selbstbewusste Haltung ermöglichen, einen dialogischen Kommunikationsprozess eröffnen und zu verantwortlichem Verhalten veranlassen. Der Leitsatz der Strategie lautete: ›Wir führen im Dialog vom Wissen zum verantwortlichen Handeln.‹« Für die Praxis der PR-Agenturen war das damals Neuland. Was heute jeder Angestellte aus betrieblichen Fortbildungen und Motivationstrainings kennt, war seinerzeit – im Anschluss an Jürgen Habermas' *Theorie des kommunikativen Handelns* – revolutionär und erhielt durch die Aids-Krise starken Aufwind.[104] Pioniere der Aids-Aufklärung, mit allen möglichen Herkunftsqualifikationen von der Jugendbildung bis zur Pädagogik, wurden zu »Dialogpartnern« ausgebildet.

»Das Problem war ja, dass man zwar wusste, wie das Virus übertragen wurde und wie man sich davor schützen konnte, es aber noch keine Übertragung dieses Wissens auf das Verhalten gab.« Wissen wurde nicht verhaltenswirksam, eben auch, weil es eine ganze Reihe von Schwierigkeiten zu überwinden galt: Wie schafft man es, eine Erektion aufrechtzuerhalten, während man umständlich eine Verpackung aufreißt? Wie konnte man Menschen dazu bewegen, überhaupt Kondome zu benutzen? »Grauenhaft – die gab es unterm Ladentisch und in Automaten auf öffentlichen Toiletten. Man konnte sie nicht einfach im Drogeriemarkt kaufen. Auch kein Gleitgel, das machten die Leute damals selbst.«

Es ging darum, lokale Aufklärungskampagnen für ganz Deutschland zu entwickeln. »Das war natürlich auch ein riesiger Etat« – und eine spannende Zeit, in der plötzlich Akteure unterschiedlichster Herkunft aufeinandertrafen. Ministerialbeamte, Angehörige der schwulen Szene, Sozialarbeiter. »Am Anfang gab es Agenturmanager, die im Ferrari vorgefahren sind. Aber die haben schnell gemerkt, dass das nicht angebracht sein könnte.«

Der Kampf gegen Aids war auch auf diesem Weg nun voll im Gange. Wie schafft man neue Routinen, neue Selbstverständlichkeiten: ein Kondom aus der Packung nehmen und überstreifen. »Ob nun mit Noppen, mit Geschmack oder bunten Farben – für diejenigen, die an die Zeit vor Aids gewohnt waren, war das verdammt schwer. Heute ist das ja anders, da haben nicht wenige das Kondom fetischisiert. Oder man denke an Martin von Ostrowski«, einen Künstler, der beim Safer Sex mithilfe von Kondomen gesammeltes Sperma als Naturfarbe verwendet hat: Zwischen 1988 und 2008 entstanden auf diese Weise dreißig Porträts auf schwarzem Grund, mit eigenem Sperma und solchem, das ihm Freunde und die Porträtierten selbst lieferten. So enthalten die Porträts, silbrig-luminiszierend, den genetischen Code des Porträtierten. Die Problemsubstanz, ein potenzieller Todesbringer, wurde zum Medium der Unsterblichkeit.

Über Sex zu sprechen, Aufklärung zu ermöglichen – darum ging und geht es bei der HIV-Prävention, und genau das sollten die neu ausgebildeten Dialogpartner leisten. Heute eine Selbstverständlichkeit, die jedoch von Rechtspopulisten und Neu-Rechten unter dem Kampfbegriff der »Frühsexualisierung« attackiert wird; die seither auch in der schulischen Aufklärung eingesetzten Holzdildos gelten ihnen als jugendverderbende Propagandainstrumente von sexuell Devianten. Damals retteten sie Leben.

»Am Anfang wusste man ja noch nichts; ich kann von Glück sagen, dass ich schon sehr früh informiert war – und bis heute negativ bin. In den frühen Achtzigern war ich Mitverleger im

Verlag rosa Winkel. Dort erschien auch *Sumpf Fieber*, ein Gesundheitsratgeber für schwule Männer, in dessen zweiter Auflage es erste Hinweise auf eine neue Erkrankung gab, die vor allem schwule Männer betraf.«

Der Verlag war 1975 von Volker Bruns, Elmar Kraushaar und Peter von Hedenström, Mitgliedern der Homosexuellen Aktion Westberlin (HAW), gegründet worden. Von 1978 bis 1981 leitete Hütt ihn gemeinsam mit Egmont Fassbinder, einem Cousin von Rainer Werner Fassbinder. Hütt hat die Essaybände *Elemente einer homosexuellen Kritik* und *Drei Milliarden Perverse* sowie den Erzählungsband *Anatomie eines Gettos* von Walter Foelske lektoriert, einem jener begabten homosexuellen deutschen Schriftsteller, die im Rahmen des Literatur-Mainstreams nie hatten reüssieren können.

»Der erste Tote in meinem Umfeld litt in der letzten Phase des Vollbilds Aids an einem Kieferspasmus. Er hat gegrinst, als er mir gesagt hat, dass er bald sterben muss. Eine Lachgrimasse – dieses elende Sterben.«

Die Infizierten, erinnert sich Hütt, wurden mit allem Möglichen bombardiert, Pilzen, Lungenentzündungen, viralen Entzündungen der Augen, die bis zur Blindheit führten. »Viele von ihnen starben alleine. Und es gab ja auch Angehörige, die den Kontakt der Sterbenden zu ihren Lebenspartnern unterbanden. Man durfte die Beerdigung nicht besuchen. Und vom gemeinsamen Hausstand blieb nichts übrig, wenn die Verwandtschaft es so wollte. Heute gibt es die Eingetragene Lebenspartnerschaft und die Patientenvollmacht – Letztere ein Fortschritt für alle.«

Einen Partner hat Hans Hütt nicht. Er erinnert sich an eine große Verliebtheit aus der Zeit vor Aids: »Ein amerikanischer Maler. Er hatte unglaublich helle grüne Augen, und ich weiß noch, wie ich dachte: Darin werde ich gleich ertrinken.« Die schönen, wilden Zeiten vor Aids in der Berliner Szene, das war »*hedonism to the max*«. Oft flicht er englische Sentenzen in seine Erzählungen,

Nacktbader im Freibad Halensee, Berlin-Charlottenburg, 1985.

womöglich eine Reminiszenz an die Londoner Jahre. »Grindr und andere Dating-Apps gab es damals ja noch nicht. Aber Kontaktanzeigen. Und natürlich die Sub: Tom's Bar, die Knolle ... Im Freibad Halensee gab es eine Insel mit Büschen, das war ein einziger polysexueller Kontakthof ... Dabei war das Wasser so was von dreckig, da lief alles von der Autobahn rein, aber das hat niemanden gekümmert.«

»Es gab zwei einschlägige Hautarztpraxen in Berlin, dort ist man regelmäßig hingegangen. Das war einfach ein Teil der Libertinage, die Geschlechtskrankheiten. Ob man Feigwarzen hatte oder Syphilis, das wurde immer ganz offen kommuniziert. Das war in meiner Erinnerung ein verantwortungsbewusster Hedonismus. Und dann kam die Gegenaufklärung: Seit Aids ging man nicht mehr zum Arzt, man fürchtete, dass der ohne Absprache Bluttests macht.« Es gab Ärzte, die sich weigerten, Positive zu behandeln, und hysterisches Pflegepersonal. Man wusste nicht, wie man die Behandlungen verbuchen sollte, weil es noch keinen WHO-Schlüssel gab. »Die haben dann Krebs abgerechnet oder sonst was.« Heute fällt die Diagnose unter die ICD-Codes B20-B24, je nach Ausprägung der Infektion.

Zehn Jahre vor dem ersten *Spiegel*-Artikel über Aids, 1973, hatte Hans Hütt sein Entree in die schwule Welt. Über einen gemeinsamen Fernsehabend mit dem Vater, einem Pfarrer. »Im Fernsehen lief *Nicht der Homosexuelle ist pervers* von Rosa von Praunheim. Wir waren allein, sagten kein Wort, gingen nach dem Film wortlos ins Bett.«

Zu Hause geoutet hat sich Hütt allerdings erst drei Jahre darauf. »Meine Mutter war erschüttert: ›Du bist doch das Kind, mit dem ich mich am besten verstehe.‹ Und mein Vater erwiderte in seiner ironischen Art: ›Dabei müsstest du dich doch besser mit mir verstehen.‹«

Dass Hans Hütt in einer liberalen Familie aufwuchs, hat ihm

das Coming-out sicher erleichtert. »Meine Eltern waren mit Heinemann befreundet, mit Johannes Rau. Im Nachlass meines Vaters fand ich Briefe von Lore Lorentz, die sich darüber beschwerte, dass sie beim Abendessen neben dem trockenen Erhard Eppler sitzen musste.« Später erzählte er seiner Mutter sogar von seinem ersten Sex, der – einem Pfarrerssohn auf abenteuerliche Weise angemessen – ausgerechnet im Glockenturm der einzigen evangelischen Kirche in Jerusalem vonstattenging. Mit einem jungen Palästinenser.

Hütt arbeitete damals in einem Kibbuz. In Tübingen gehörte er dann einer linken Studentengruppe an, lernte seinen ersten Freund kennen. »Ich war Teil der Bewegung, ohne richtig dabei zu sein. Und auch das mit dem Schwulsein war am Anfang erst mal eine Kopfgeburt.« Erst in Berlin wurde aus der Theorie Praxis – und wieder hatte er einfach Glück, denn genau in dieser Zeit – den fröhlich befreiten späten siebziger und frühen achtziger Jahren – haben sich unzählige schwule Männer mit dem Virus infiziert.

Erst 1996 endete die Phase der Todesangst. »Da bin ich gerade von London nach Darmstadt gezogen. Zu dem Zeitpunkt hatte ich diesen ganzen HIV-Komplex regelrecht abgekapselt und mich auf die Arbeit konzentriert. Als ich in Darmstadt anfing, war ich dreiundvierzig Jahre alt.« Er arbeitete für die Schader-Stiftung. Es sei nicht leicht gewesen, sich in diesem Umfeld als schwuler Mann zu behaupten, das Coming-out sei tatsächlich ein lebenslanger Prozess: »Ich hatte einen guten Ruf, aber auch Konkurrenz und erlebte subtile Gehässigkeiten, Musterszenen aus dem Katalog »hegemonialer Männlichkeiten«.

Und Aids war immer noch da, eine »Verkapselung«, Hans Hütt präzisiert: »Eine Fermate. Ein in die Länge gehaltener, dunkler Ton.« In der Darmstädter Provinz hatte Hans Hütt nur mehr sporadisch Kontakt zu den handfesten Welten der gleichgeschlechtlichen Liebe. »Das Begehren war ja noch da«, ab und an fuhr er nach Frankfurt oder auf nahe gelegene Autobahnparkplätze, »aber insgesamt war das eher eine regressive Phase«.

Heute, zurück in Berlin, ist er rege involviert im intellektuellen Leben. Was hält er davon, wenn junge Schwule verstärkt auf das Kondom verzichten, weniger Angst vor einer Infektion haben oder diese sogar in Kauf nehmen zugunsten einer freien Sexualität? »Jede Generation macht ihre eigenen Fehler«, sagt Hütt nüchtern, »es gibt keine Übertragung von Wissen an die nächste Generation. Und ein gemeinsames Triebschicksal bedeutet nicht automatisch Solidarität.«

Der Blogger und Koproduzent des erfolgreichen alternativen Formats Jung & Naiv mit Tilo Jung analysiert lieber die Gegenwart, als die Vergangenheit zu verklären – obwohl auch er schon seinen »Vorlass« dem Berliner Schwulen Museum* überantwortet hat, darunter den umfangreichen Briefwechsel mit Walter Foelske.

Mehr als fünfzehn Jahre hat Hans Hütt als strategischer Planer gearbeitet, als Kommunikationsberater. In seinem Essay »Angst vor der Gleichheit«, der 2014 mit dem von der FAZ gestifteten Michael-Althen-Preis für Kritik ausgezeichnet wurde, hat er eine Analyse des homophoben Denkens verfasst. Er beschäftigt sich unter anderem mit der Frage, warum damals Hunderttausende in Frankreich auf die Straße gingen, um gegen die Öffnung der Ehe für alle zu demonstrieren. »Die Geschichte spielt verrückt. Der in den Straßen von Paris randalierende Mob vereinigt konservative Katholiken, Muslime und Juden. Zusammen singen sie die Marseillaise. Gegen Freiheit. Gegen Gleichheit. Gegen Brüderlichkeit.«[105] Er kommt zu dem Schluss, dass eine Angst umgeht, die noch viel größer ist als die der klassischen Homophobie: die Angst vor der Gleichheit; mitten in diesem Szenario die Homosexuellen als Bedrohung. Während jeder schwule Mann »im eigenen Leben eine permanente Revolution« forme, »in steter dissonanter Resonanz auf die Welt, in der wir leben«, können Rechte diese Dissonanz immer weniger aushalten.

Hans Hütt muss nun los, an seinen Schreibtisch, eine Kritik zur Talkshow von Maybrit Illner schreiben. Es ist das Deutschland nach der »Flüchtlingskrise« und »nach Köln«; die Kräfte, die gegen die Gleichstellung von Homosexuellen agitieren, sind eher stärker als schwächer geworden; die AfD sitzt in den Talkshows der öffentlich-rechtlichen Medien, und niemand mag sich zum Zeitpunkt unseres Gesprächs vorstellen, dass sie bald auch in den Bundestag einziehen wird. Hütt erinnert sich noch einmal zurück an die Hochphase der Aids-Krise und daran, »wie viel soziale Erfindungskraft am Werk war, wie die Gesellschaft entlastet wurde durch einzelne Helfer, durch lokale Initiativen«. Unendliche Anerkennung gebühre diesen Menschen. Die Geschichte von Aids ist für Hans Hütt auch eine Geschichte von Tapferkeit. Und von Trotz.

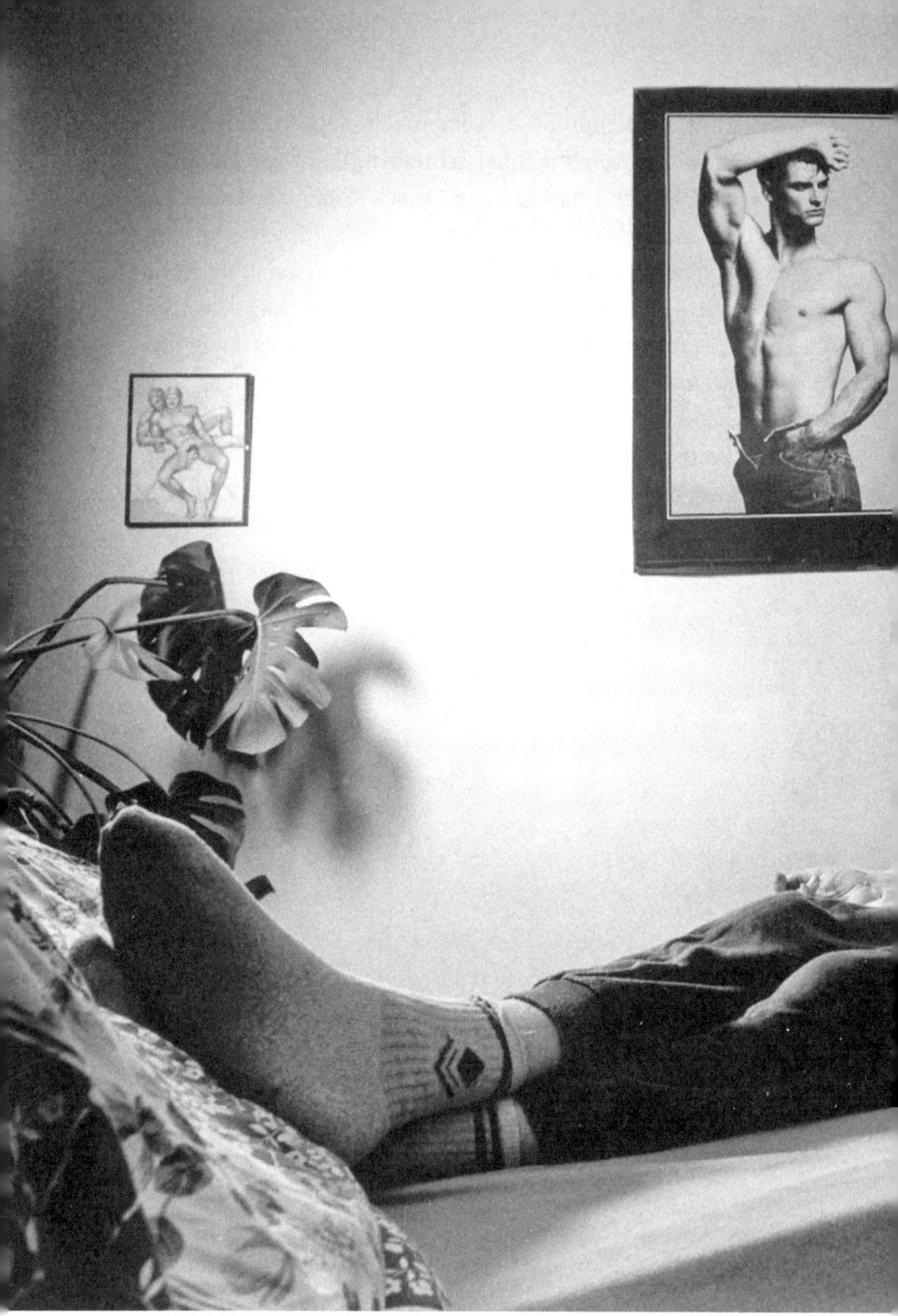

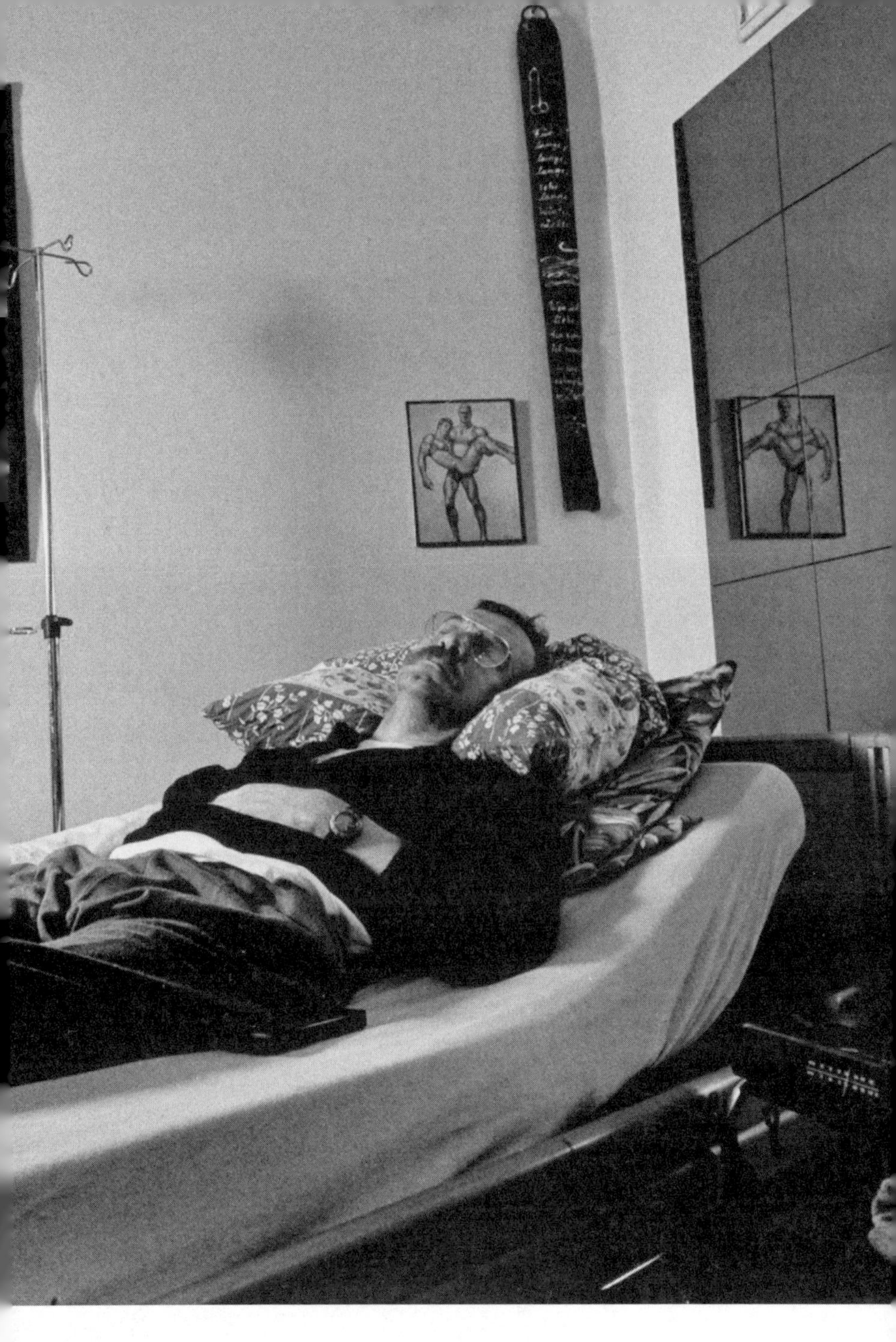

Armin, 52, HIV-positiv seit über zehn Jahren, Berlin 1996.

III. Der medizinische Fortschritt
Überleben dank Therapie

Am Anfang von Aids trafen hilflose Patienten auf hilflose Helfer – erst allmählich baute sich wieder ein Vertrauensverhältnis zwischen Betroffenen und Medizinern auf, die mit der Zeit immerhin einige der Symptome etwas besser in den Griff bekamen. So halfen Inhalationen mit dem Wirkstoff Pentamidin oft gegen die gefürchteten Lungenentzündungen. Solche Therapien verlängerten tatsächlich Leben. In den allermeisten Fällen jedoch konnte die Medizin nur »Sterbebegleitung« leisten. Die Patienten verloren den Kampf gegen das Virus, eine Auseinandersetzung, die meist in den Lymphknoten stattfand. Die anschließende Immundefizienz ermöglichte den Ausbruch zahlreicher opportunistischer Erkrankungen: Neben der Pneumonie besonders verbreitet waren zerebrale Toxoplasmose, Kaposi-Sarkome und Lymphome.[106]

Erste wirkliche Hoffnung wurde auf eine Substanz namens Zidovudin oder Azidothymidin gesetzt, kurz AZT, auch bekannt unter dem Produktnamen »Retrovir«. Mitte der sechziger Jahre als Krebsmedikament entwickelt, war es aufgrund seiner immensen Nebenwirkungen nie zugelassen worden. Im Februar 1985 stellte ein amerikanischer Wissenschaftler fest, dass AZT die Vermehrung von HI-Viren stoppen kann. Die Substanz unterbindet die Reverse Transkriptase: Enzyme, die für die Umschreibung der Virus-Erbinformation in menschliche DNA wichtig sind, werden blockiert, die Infektion weiterer Zellen wird verhindert.

Wenig später kaufte das Pharmaunternehmen Burroughs Wellcome (heute GlaxoSmithKline) die Rechte an der Substanz, und am 20. März 1987 erteilte die amerikanische Food and Drug Administration (FDA) die Zulassung als Medikament zur Behandlung von HIV – die Behandlungskosten lagen bei rund 10 000 Dollar pro Patient und Jahr. Damit war AZT das bis dahin teuerste verschreibungspflichtige Medikament.

Auch das Bundesgesundheitsamt setzte auf Retrovir und ermunterte den Hersteller, zügig eine Zulassung für den deutschen Markt zu beantragen, die dann in der kürzestmöglichen Frist von vier Monaten erteilt wurde. Eingenommen werden musste Retrovir exakt alle vier Stunden. Die Patienten erhielten eigens dafür konzipierte Wecker, die sie rund um die Uhr daran erinnerten.

Die Nebenwirkungen waren ausgesprochen heftig, zumal das Medikament – wie sich später herausstellen sollte – in zu hoher Dosierung verschrieben wurde: starkes Erbrechen, Kopf- und Bauchschmerzen, Gleichgewichtsstörungen bis hin zu Fieberschüben mit Schüttelfrost und Anämie. Viele brachen die Therapie ab und konzentrierten sich auf alternative Heilmethoden, die darauf abzielten, das geschädigte Immunsystem zu stärken.[107]

Der populäre Film *Dallas Buyers Club* (2013) illustriert den Zusammenhang zwischen einem halb im Dunkeln tappenden pharma-medizinischen Komplex einerseits und den zwischen Angst, Misstrauen und wachsendem Selbstvertrauen schwankenden Betroffenen andererseits. Er spielt in den Jahren 1985 bis 1987, die Geschichte rund um den Protagonisten Ron Woodroof beruht auf tatsächlichen Begebenheiten. Der (im Film als homophober Hetero dargestellte) bisexuelle Woodroof, positiv getestet, wird zunächst im Rahmen einer Studie mit AZT behandelt, das seinen Gesundheitszustand eher verschlechtert als verbessert. Ein neues Medikament namens »ddC« (Zalcitabin) bekommt er jedoch nicht, weil es von den US-Gesundheitsbehörden noch nicht zugelassen wurde. Wie AZT wurde der Wirkstoff in den sechziger Jahren im Rahmen der Krebsforschung hergestellt. Der nukleosidische Reverse-Transkriptase-Inhibitor (NRTI) wurde allerdings erst 1992 von der FDA als Monotherapie zugelassen und ab 1996 zusammen mit Zidovudin (AZT) Teil einer Kombinationstherapie. Woodroof besorgte sich ddC nun in Mexiko, bei einem Arzt ohne Zulassung, und ruft schließlich den »Dallas Buyers Club« ins Leben: In größerem Rahmen wird ddC nebst anderen Medikamenten – etwa dem potenten, da sowohl immunstimulierenden als auch antiviralen Interferon – aus aller Welt herbeigeschafft und an die Betroffenen verteilt.

Die Handlung des Films gibt auch einen Einblick in den Kampf des 1987 in New York gegründeten Verbands Act Up (AIDS Coalition to Unleash Power). Dessen AktivistInnen wandten sich nicht nur gegen die Diskriminierung von Positiven und die Haltung der Kirchen, die den Gebrauch von Kondomen bekämpften, sondern auch gegen die Pharmaindustrie, der man vorwarf, die Zulassung neuer Medikamente jenseits von AZT zu behindern. Den AktivistInnen – bekannt ist vor allem Mitbegründer Larry Kramer, es beteiligten sich neben schwulen Männern aber auch viele heterosexuelle Intellektuelle, FeministInnen und Lesben – gelang es, große Aufmerksamkeit zu erregen, etwa mit einer Sitzblockade vor der Börse in der Wall Street im März 1987: Die Demo richtete sich gegen die wahnwitzigen Preise für AZT und die zögerliche Zulassungspolitik der FDA. Aufgrund des von Act Up erzeugten Drucks sah sich Präsident Ronald Reagan, politisch verantwortlich für die desaströse Washingtoner Aids-Politik, 1987 erstmals genötigt, das Wort »Aids« in den Mund zu nehmen – in einer Rede im April des Jahres bezeichnete er Aids als »public health enemy« und forderte die Ausweitung von Bluttests.[108]

Act Up organisierte erfolgreich Aufmerksamkeit für Aids und scheute auch nicht davor zurück, den »Rosa Winkel«, Symbol der Homosexuellenverfolgung im Nationalsozialismus, zu instrumentalisieren, inklusive des heiklen Vergleichs zwischen Holocaust und Aids-Epidemie.

In Deutschland ist Act Up mit dem Namen des Aktivisten Andreas Salmen verknüpft, der die Bewegung in den USA kennengelernt hatte und nach seiner Rückkehr begann, Gruppen zu bilden. Auch hierzulande gelangen Act Up einige spektakuläre Aktionen, zum Beispiel ein »Die-in« im Februar 1989, das sich gegen die Praxis der Lufthansa richtete, Neubewerber zwangsweise auf HIV zu testen. In Erinnerung geblieben ist auch die Besetzung des Doms zu Fulda im September 1991, ein Protest gegen die homosexuellenfeindliche Politik der katholischen Kirche. Act Up erlangte in Deutschland jedoch nie die Bedeutung, die es in den USA hatte – was sicher auch an der breiten (und von dem Act-Up-Aktivisten Rosa von Praunheim als »verbeamtet« gescholtenen)[109] Tätigkeit der Aids-Hilfen und einer funktionierenden Gesundheitsversicherung lag, die eine Versorgung der Betroffenen vergleichsweise problemlos ermöglichte (während in den USA zu diesem Zeitpunkt rund ein Drittel der Bevölkerung nicht krankenversichert war).

AZT als Monotherapie hatte erst 1994 ausgedient. In diesem Jahr wurden die Ergebnisse der europäischen Concorde-Studie mit 1749 HIV-Patienten veröffentlicht. Eine Hälfte der Patienten hatte sofort AZT bekommen, die andere zunächst ein Placebo und erst später AZT. Das Ergebnis: In der sofort behandelten Patientengruppe kam es zu mehr Todesfällen (96 zu 76), häufiger zu Therapieabbruch wegen schwerer Nebenwirkungen (99 zu 38) bzw. zu einer ärztlich verordneten Reduzierung der Dosis (148 zu 37). Die Dosierung von AZT wurde daraufhin generell stark gesenkt.

Ein weiteres Problem von AZT als Monotherapie war die Resistenzbildung: Der Prozess, mit dem das Virus sich vermehrt, ist sehr fehleranfällig, so dass immer wieder neue Virusvarianten entstehen – auch solche, die nicht mehr auf AZT reagieren. Allerdings war AZT lange das einzige Mittel gegen HIV und wird auch nach fünfundzwanzig Jahren noch in der HIV-Therapie einge-

Besetzung des Berliner Lufthansabüros am 1. Dezember 1989 im Rahmen einer Act-Up-Aktion. Am Boden liegend: Wieland Speck.

Lufthansa

setzt, nur wesentlich schwächer dosiert und, um eine Resistenzentwicklung zu verhindern, in Kombination mit anderen Wirkstoffen.[110]

Inzwischen waren weitere Substanzen entwickelt worden, welche die Reverse Transkriptase hemmen, zum Beispiel Didanosin, das 1992 in Deutschland zugelassen wurde. Klinische Studien zeigten, dass der kombinierte Einsatz mehrerer Medikamente geeignet ist, die Virusreplikation langfristig zu unterbinden. Doch erst mit der Entwicklung einer ganz neuen Medikamentengruppe, den Protease-Inhibitoren, gelang der Durchbruch. Sogar eine Heilung schien nicht mehr unmöglich. Diese Hoffnung hat sich bis heute nicht erfüllt, allerdings sollte sich das klinische Bild der HIV-Infektion bald drastisch ändern.[111]

Auf dem im Juli 1996 in Vancouver unter dem Motto »One World, one Hope« stattfindenden XI. Internationalen Aids-Kongress wurde eine gute Nachricht nach der anderen diskutiert. Bereits einige Monate zuvor hatte der deutsche Virologe Reinhard Kurth entdeckt, dass ein körpereigener Schutzfaktor, Interleukin-16, geeignet sein könnte, die Vermehrung des Virus im Organismus zu stoppen – ganz ähnlich den mit HIV interagierenden »Chemokinen«. Diesen Zusammenhang hatten Robert Gallo und der mit ihm zusammenarbeitende italienische Virologe Paolo Lusso 1995 entdeckt. Die New Yorker Aids-Experten David Ho und Martin Markowitz entschlüsselten den Mechanismus, der die Wandlungsfähigkeit des Virus erklärt – und konnten nachweisen, dass es sich bei Positiven, die nicht erkranken, keineswegs irgendwo versteckt oder ruht, sondern einen Dauerkrieg mit dem Immunsystem führt, den es zu unterbrechen galt. Endlich war auch ein Messparameter (HIV-RNA-Kopien pro Milliliter Blut) vorhanden, mit dem sich die »Viruslast« der Patienten quantifizieren ließ – die Behandlung mit AZT hatte sich nicht zuletzt deshalb so problematisch dargestellt, weil es bis dahin nicht möglich gewesen war, den Erfolg der Therapie präzise zu bestimmen.

Die eigentliche Sensation von Vancouver waren jedoch die Ergebnisse einer Studie mit sechsundzwanzig Patienten, die am Vollbild Aids erkrankt waren: Schon nach vier Monaten Behandlung mit den neuen »Medikamentencocktails« waren in ihrem Blut keine Viren mehr nachweisbar. Fünfzehn Jahre nach der Entdeckung von Aids – inzwischen waren vier Millionen an der Krankheit gestorben und zwanzig bis dreißig Millionen weltweit infiziert – kam zum ersten Mal ein echter Wendepunkt in Sicht.

Der Begriff »hochaktive antiretrovirale Therapie« (*highly active antiretroviral therapy*, kurz: HAART) bezeichnet eine 1996 eingeführte Behandlungsmethode, bei der mindestens drei verschiedene antiretrovirale Medikamente (mit Substanzen aus mindestens zwei Wirkstoffklassen) eingesetzt werden; in Deutschland wird sie meist »Kombinationstherapie« genannt.[112] Ein chemisches »Regime« wurde etabliert, das allerdings nur funktioniert, wenn der Spiegel konstant gehalten wird, Pillenwecker gehörten daher weiterhin zum Alltag, in der Regel mussten die neuen Medikamente aber nur noch alle acht Stunden eingenommen werden, einige auf nüchternen Magen, andere nach den Mahlzeiten. Im Gegenzug wurde die Virusreplikation so stark gehemmt, dass HIV mit den üblichen diagnostischen Methoden nicht mehr nachzuweisen war. Durch eine derartige Behandlung kann sich das Virus nicht vermehren, zieht sich aber in »Reservoirs« zurück, etwa das Knochenmark oder das Gehirn. Wird das chemische »Regime« beendet, breitet die Infektion sich wieder aus.[113]

Die Reduzierung der Viruslast durch die antiretrovirale Therapie reduzierte die Gefahr der Entwicklung eines Aids-Vollbildes deutlich. Patienten, die eben noch ihrem Tod entgegenblickten, erholten sich nach Einnahme von HAART rasch. Opportunistische Erkrankungen bildeten sich zurück, langfristig kam es zu einer (wenn auch nicht immer vollständigen) Wiederherstellung des Immunsystems. Der reguläre HIV-Test – ob Elisa oder Western-Blot – bleibt bei Patienten unter HAART positiv, da im Blut weiterhin Antikörper vorhanden sind. Die Anzahl der Viren aber sinkt von teilweise 1,5 Millionen pro Milliliter Blut auf Werte »unter der Nachweisgrenze«, die in den neunziger Jahren bei ca. 400 Kopien/ml lag und heute, aufgrund besserer Messmethoden, bei ca. 50 Kopien/ml.

Zu Beginn von HAART waren die Nebenwirkungen der Therapie noch beträchtlich, die Patienten litten unter Durchfall, neurologischen Problemen und vor allem sichtbaren Fettverteilungsstörungen, bei denen das subkutane Fettgewebe im Gesicht und den Gliedmaßen abgebaut wird, während die Rundungen an Gesäß und Hüfte zunehmen. Die Betroffenen überlebten, waren aber schwer gezeichnet.

Nach den Erfahrungen mit AZT gab es bei Positiven zum Teil große Vorbehalte gegenüber der Medikation, Ängste, die von der Deutschen AIDS-Hilfe ernst genommen wurden. Einige legten auf eigene Faust »Therapiepausen« ein, was aus medizinischer Sicht zunächst abgelehnt wurde. (Erst später stellte sich heraus, dass ein kontrolliertes An- und Absetzten der Therapie durchaus möglich ist.) »Compliance« – wie genau befolgt der Patient den verordneten Medikamentenplan? – wurde ein viel diskutiertes Thema.[114] In den neunziger Jahren war es auch noch üblich (durchaus auf Anraten der Ärzte), so lange wie möglich mit dem Start der Therapie zu warten, um den Körper vor den Nebenwirkungen zu bewahren. Heute – die Medikamente sind im Lauf der Zeit immer weiter verbessert worden und mittlerweile fast ohne Nebenwirkungen – rät man Infizierten in der Regel, früh mit der Therapie zu beginnen, damit das Immunsystem keinen Schaden nimmt.

Die Lebenserwartung der Patienten unter HAART ist seit 1996 kontinuierlich gestiegen und entspricht inzwischen nahezu derjenigen von HIV-Negativen. Nachdem zuerst dem Sterben ein

Ende gesetzt wurde, gelang es sukzessive, die Lebensumstände der Infizierten zu verbessern. Um einige Stationen zu nennen: 2002 wurde der nukleotidische Reverse-Transkriptase-Inhibitor (NtRTI) Tenofovir von der EU-Medikamentenbehörde EMEA für alle Mitgliedstaaten zugelassen und unter dem Produktnamen »Truvada« vertrieben – Fettverteilungsstörungen waren nun nicht mehr an der Tagesordnung. Im März 2003 erhielt der erste Fusionshemmer mit dem Wirkstoff Enfuvirtid die Zulassung. Er verhindert das Verschmelzen der Zellmembran mit dem Virus. Im Juli 2006 ließ die amerikanische FDA eine Dreier-Kombination aus Efavirenz, Emtricitabin und Tenofovir zu, die nur einmal am Tag eingenommen werden musste und günstiger war als andere Kombinationen. Im Oktober 2007 erreichte der Integrasehemmer Raltegravir in den USA den *fast track*, die beschleunigte Zulassung, und durfte im selben Jahr auch in Europa auf den Markt gebracht werden. Es war der erste Vertreter einer neuen Medikamentenklasse, der Integrasehemmer, die viel besser verträglich waren als die Vorgängerpräparate und vor allem weniger Nebenwirkungen aufwiesen.[115]

Die Liste der Verbesserungen ließe sich fortsetzten, für die nähere Zukunft sind weitere Medikamente mit neuen Wirkprinzipien angekündigt, etwa solche der »Attachment-« und der »Reifungs-Inhibition«. Sie alle sollen, wie gehabt, verhindern, dass das Virus sich vermehrt. Eines von ihnen soll zusätzlich auf seine Eignung zur Vorbeugung erprobt werden. All diesen Ansätzen gemein ist jedoch, dass sie nicht in der Lage sind, das Virus aus dem Körper zu verbannen – sobald das chemische »Regime« endet, breitet es sich von Neuem aus. Viele Pharma- und Biotechfirmen versuchen, dieses Problem zu lösen, bislang ohne nachweisbaren Erfolg. Trotzdem verursachen Entdeckungen in diesem Bereich immer mal wieder einen medialen »Hype«, so wie das Mittel ABX464 des französischen Biotechunternehmens Abivax im Jahr 2017, das nicht nur die Virenlast im Blut sowie die Mutationsrate des Virus senken, sondern es auch in jenen verborgenen Reservoirs im Körper angreifen soll, in denen es bislang ausharrt. Falls dies tatsächlich zu einhundert Prozent gelänge, würde dies eine Heilung bedeuten.[116]

Andererseits zeichnet sich die Tendenz ab, angesichts der gut verträglichen Therapien von der kostenintensiven Suche nach Heilungsmöglichkeiten abzusehen und sich stattdessen auf die Impfung zu konzentrieren. Eine der aufwendigsten Impfstudien, die *STEP-Studie* der Firma Merck, wurde im Jahr 2004 aufgelegt. Dabei sollte eine Methode getestet werden, um eine T-Zell-Antwort zu stimulieren. Wäre das gelungen, hätte dies einen Durchbruch in der Suche nach effektiven HIV-Impfstoffen bedeutet. Die Studie, an der 3000 HIV-negative homosexuelle Männer im Alter zwischen achtzehn und fünfundvierzig Jahren aus Nord- und Südamerika, der Karibik und Australien teilgenommen hatten, sollte einerseits Neuinfektionen verhindern und andererseits die Viruslast bei denjenigen reduzieren, die sich während der Studie mit HIV infizierten. Im Jahr 2007 musste sie jedoch gestoppt werden, da sich die Geimpften häufiger als die Angehörigen einer Placebo-Kontrollgruppe infizierten.[117]

Die Suche nach einem Impfstoff, in großem Umfang unterstützt von der Bill & Melinda Gates Foundation, geht weiter. 2009 entdeckten amerikanische Wissenschaftler Breitband-Antikörper bei einem HIV-Infizierten. Im Oktober desselben Jahres gab es zunächst die Hoffnung, dass eine von der US-Army und örtlichen Behörden in Thailand durchgeführte Studie mit dem HIV-Impfstoff RV144, an der über 16 000 Freiwillige teilgenommen hatten, eine Senkung des Ansteckungsrisikos um immerhin 31,2 Prozent erreicht habe, doch die Daten hielten einer Überprüfung zunächst nicht stand.[118] Im Jahr 2015 dann zeigte eine Studie der Rockefeller University in New York erstmals einen therapeutischen Erfolg mit geklonten Antikörpern bei einer HIV-Impfung: Die Zahl der Viren im Blut sank deutlich.

Für enormes Aufsehen hatte 2007 der sogenannte »Berliner Patient« gesorgt: Timothy Ray Brown hatte an der Berliner Charité im Rahmen seiner Leukämiebehandlung zwei Stammzelltransplantationen erhalten. Als Spender hatten die Ärzte jemanden ausgesucht, dessen Zellen von Natur aus resistent waren gegen HIV. Nach den Operationen war nicht nur der Krebs geheilt, auch Browns HIV-Infektion war verschwunden. Sein Fall wurde zur Weltsensation und Brown zum ersten Menschen, der tatsächlich mit den Mitteln der Medizin vom HI-Virus befreit werden konnte. Ein Erfolg, der sich bislang leider nicht wiederholen ließ. Die Hoffnungen vieler Betroffener ruhen jedoch spätestens seitdem auf dem Fortschritt der Gentechnik. Insbesondere die CRISPR/Cas-Methode, mit der DNA biochemisch gezielt geschnitten und verändert wird (sogenanntes Genome Editing), gilt als vielversprechend.

Im Jahr 1996 waren all diese Entwicklungen noch nicht absehbar – klar war nur, dass sich eine medizinische Revolution vollzogen hatte. Zwar konnte noch niemand wirklich darüber Auskunft geben, wie sich die neuen Therapien längerfristig auf die Gesundheit und die Lebenserwartung auswirken, doch Aids musste von nun an »neu gedacht werden«.

Besuch aus Österreich

Berlin kennt Albert Klemm,[119] ein Arzt aus Österreich, recht gut, »von früher her«, als er selbst noch ein junger Mann war und unterwegs in der schwulen Szene auf der ganzen Welt. Von Wien aus flog er nicht nur nach Berlin und Amsterdam, sondern auch nach San Francisco und New York. Klemm hat ein paar schon ziemlich zerfledderte Zeitungsseiten mitgebracht. Der Artikel mit dem Titel »Die Schwarze Spinne« (nach der Novelle von Jeremias Gotthelf) erschien 1982 – kurz vor dem ersten *Spiegel*-Bericht »Schreck von drüben« – in der damals noch liberalen Schweizer *Weltwoche*. Er ist reißerisch aufgemacht und illustriert mit einem Foto aus dem Film *Cruising* (Bildunterschrift: »Das Milieu, wo die Todesanzeigen von Aids-Opfern hängen«), einem Thriller von 1980 mit Al Pacino in der Hauptrolle, in dem ein Serienkiller Homosexuelle in New York ermordet. Gedreht zum Teil an Orten der dortigen Subkultur, wurde er damals von vielen Homosexuellen boykottiert, die das Milieu zu negativ gezeichnet sahen. In der Tat stellte sich später heraus, dass der Regisseur William Friedkin die Schwulenszene nur als gruseliges Setting nutzte, voller Gewalt und bestialischer Sexualität – ein Inferno.

Kurz nach Veröffentlichung des Films, das ist allerdings das Unheimliche, setzte tatsächlich das große Sterben ein. »Stellen Sie sich vor«, beginnt der Artikel, »Sie würden in Zürich oder Bern oder Luzern in eine Bar gehen mit der Absicht, die Nacht nicht allein zu verbringen. Sie betreten also das Lokal, und gleich bei der Türe fällt ihr Blick auf ein großes schwarzes Brett, an das lauter Todesanzeigen der Stammgäste geheftet sind. Vermutlich wären Sie überrascht und ein wenig schockiert, wenn Sie nun erfahren würden, dass alle diese Gäste an der gleichen Krankheit gestorben sind. Und dann ziehen Sie von Bar zu Bar und finden immer wieder dieses schwarze Brett vor.« Daneben abgebildet ist einer dieser Zettel aus der Lederbar The Spike: »In Memoriam Raul Flores. Paul had cancer and contracted pneumonia – A former member of the staff of The Spike and well liked in the New York Leather Community. He will be missed by us all.«

Das Café, in dem der heute pensionierte Mediziner in den alten Zeitungsseiten blättert, hieß nach der Wende Eckstein und ist heute das Butter. Hier soll Bruce Springsteen Anfang der neunziger Jahre ein kleines Privatkonzert gegeben haben, ungefähr zu der Zeit, als er seinen Hit »Streets of Philadelphia« hatte, bekannt aus dem Aids-Melodram mit Tom Hanks und Denzel Washington. Um die Ecke beginnt die Greifenhagener Straße, in der nach der Wende eine ganze Reihe Homo-Bars entstanden. Das längst geschlossene Pick Ab! oder die seit 1997 existierende Greifbar zum Beispiel.

Der Arzt aus Wien, er spricht mit domestiziertem österreichischem Akzent. Die Sportlichkeit von einst ist einem kleinen Wohlstandsbäuchlein gewichen, die Augen leuchten blau. Er selbst wurde verschont, doch sein Partner, ein gerade siebenundzwanzigjähriger Jura-Student, hatte sich infiziert. »Wir alle lebten ja promisk damals, wahrscheinlich hatte er es sich bei einem Amerikaner geholt, einem Model, der für eine Zeit in Europa gelebt hatte.«

Franz, so hieß sein Partner, wurde immer schwächer. Sie fuhren zusammen in die Berge, nach Tirol, zum Ferienhaus seiner Eltern. »Er kam mir nicht hinterher.« Sie reisten nach Griechenland, »das war keine gute Idee, die Sonne wirkte sich negativ auf das Immunsystem aus.« Schließlich, als es gar nicht mehr anders ging, brachte er Franz ins Krankenhaus. »Ich erinnere mich, dass er noch einmal in seine Wohnung blickte – er wusste, dass er nicht zurückkehren würde.« Später, im Krankenhaus, kamen die Ärzte in Schutzanzügen an sein Bett, verabreichten AZT. Am Ende dann half Franz, der kaum noch Luft bekam, nur noch Morphium, das ihm sein Lebensgefährte injizierte. »Bis zum letzten Atemzug«, sagt er leise.

»Viele, die ich in dieser Zeit in Wien kannte, sind gestorben. Ich war damals oft in einem Club in der Nähe des Naschmarkts, von den ungefähr zehn jungen Männern aus meiner Clique habe ich als Einziger überlebt.« Klemm engagierte sich in der Aids-Hilfe, machte Telefonberatung. Doch irgendwann, ungefähr Mitte der neunziger Jahre, zog er sich zurück: »So nahe wollte ich das nicht mehr haben.« Und die Angst war allumfassend, wurde schlimmer, »ich war hysterisch«. Er erinnert sich, wie er noch zusammen mit Franz essen war und sie sich einen Salat teilten, wie immer. Doch plötzlich wurde ihm bewusst, dass der Speichel seines infizierten Partners den Salat berührt haben könnte, über das Besteck. »Ich habe dann zu ihm gesagt, dass ich keinen Hunger mehr hätte.«

In seinem Berufsleben wurde er immer wieder mit HIV und Aids konfrontiert. In den Kliniken, in denen er arbeitete, nahm er regelmäßig Freunde und Bekannte auf, die infiziert oder bereits an Aids erkrankt waren. »Mit den Patienten haben ja auch wir Ärzte gelernt, wie man mit der Erkrankung umgeht.« Später hat er sich auch mit den Spätfolgen beschäftigt. »Die HIV-Demenz gibt es so gut wie nicht mehr, das war schlimm. Auch die Fettverteilungsstörungen sind größtenteils Vergangenheit. Diese furchtbaren Veränderungen – ich war mal mit einem ungeheuer sportlichen Mann zusammen, einem Modellathleten. Seit Jahren ist er nun schon total verfallen.«

Dem Grauen von Aids musste er oft ins Auge blicken, beruflich und privat. Heute ist das alles weit weg. »Ich war gerade beim Vortrag eines Infektiologen, der hat eine HIV-Infektion mit dem Rauchen verglichen, ein kumulatives Risiko. Aber ja, es gibt Dinge, die sich addieren. Die Nieren werden in Mitleidenschaft gezogen von den Medikamenten, und Osteoporose ist ein Problem.« Allerdings sind die Medikamente, die eine Vermehrung des Virus verhindern, es zurückdrängen, mit den Jahren immer besser geworden, haben immer weniger Nebenwirkungen. So schädigt die neue Generation des aus den Wirkstoffen Emtricitabin und Tenofovirdisoproxil bestehenden Medikaments Truvada – verkauft wird es seit 2016 unter dem Namen »Descovy«, nachdem das Patent für Truvada ausgelaufen ist – die Nieren nicht mehr in dem vorher bekannten Maß, was sich auch positiv auf das Problem der Osteoporose auswirken dürfte.

Manchmal waren und sind es auch »Kleinigkeiten«, die den Langzeitnutzern das Leben schwer gemacht haben, etwa die Rizinusölummantelung des Medikaments »Norvir«, das nunmehr als Filmtablette erhältlich ist – die Ummantelung hatte bei einigen Nutzern zu Verdauungsstörungen und Übelkeit geführt, bei anderen sorgte allein schon der üble Geschmack des Medikaments für Unwohlsein. Doch ohne die Medikamente geht es nicht. »So viel weiß man ja noch nicht über die Langzeitnebenwirkungen – es gibt nur wenige, die schon seit Jahrzehnten Medikamente nehmen. Ganz selten auch sind Achtzigjährige, die sich spät infiziert haben. Man kann also über die tatsächlichen Zusammenhänge zwischen Alter und HIV-Infektion noch nicht viel sagen.«

Spät war damals auch sein eigenes Coming-out, »so mit sechsundzwanzig, siebenundzwanzig Jahren. Umso mehr hatte ich nachzuholen, Lues, also Syphilis, war längst kein ernsthaftes Problem mehr. Aber dann kam da diese völlig neue Dimension: Man kann sich mit seinem Begehren, seiner Liebe umbringen – das ist *La Traviata*«, die Oper von Giuseppe Verdi, in deren Zentrum eine Edelprostituierte steht, die an Tuberkulose stirbt. Es wurde ein Dauerdrama im richtigen Leben, bei dem sich erst ab 1996 der Vorhang allmählich zu senken begann. »Die Angst hat mich immer weiter begleitet. Eine bestimmte Grenze habe ich nie wieder überschritten. Später hatte ich dann wieder Partnerschaften, zwei, drei. Aber das blieb ein Thema: regelmäßige Tests, Kondome.«

Ob er noch immer Angst hat? »Heute bin ich alt«, sagt er, »und so vor ein, zwei Jahren habe ich das alles eingestellt. Ich möchte nicht der Darkroom-Opa sein. Ich meide jede Form von anonymem Sex. Das hat durchaus auch mit der Gesundheit zu tun.«

Das Café liegt an einer der eher lauten Straßen von Prenzlauer Berg, die Straßenbahn fährt hier entlang. Zudem wird gerade gebaut, die noch verbliebenen Lücken der einstigen Mauer- und Frontstadt werden gefüllt. Wohnungen werden dringend benötigt, die Stadt, die vor dem Zweiten Weltkrieg schon einmal über vier Millionen Einwohner hatte, wächst wieder. Junge Menschen aus ganz Europa, aus der ganzen Welt kommen her, darunter viele junge schwule Männer, für die Berlin ein Arkadien ist, ein Hort der Freiheit und der Lust. Gleich mehrere Generationen von schwulen Männern sind hier sexuell aktiv. Sie verwenden GPS-gestützte Dating-Apps, um einander zu finden; aber es gibt auch noch immer Darkrooms und Cruising-Areas, es gibt Sexpartys und Fetischveranstaltungen, bei denen auch synthetische Drogen konsumiert werden. Viele der Jungen trauen sich nun wieder, den Verstand abzuschalten, wenn sie Sex haben wollen.

»Bareback, das kam ja schon in den neunziger Jahren. Sex ohne Gummi. Natürlich, die Männer wollten sich befreien von dieser Medikalisierung.« Klemm ist ein liberaler Mann – und doch erfüllt ihn das mit Sorge: »Es ist ja vielleicht wirklich wie beim Rauchen. Früher oder später kommt dann die Rechnung.« Viele der Patienten, die er behandelt hat, haben zusätzlich geraucht, Alkohol getrunken. »Sie stehen ja unter einem hohen Druck – die Angst vor dem Wissen der anderen, die Angst sich zu zeigen. Und jede Tablette, die sie einnehmen müssen, jeden Tag, vergegenwärtigt die eigene Behinderung, die Krankheit.« Gleichzeitig bleibt ihnen nur eine Wahl, wenn sie über die Runden kommen wollen: Disziplin, regelmäßige Vorsorge, Sport und gute Ernährung. »Und das gelingt ja auch nicht wenigen, die meisten Positiven führen ein ganz normales Leben.«

Zwei junge Männer gehen vorbei, Hand in Hand. Ihr Anblick gibt Klemm zu denken: »Diese allgemeine Verjugendlichung der Gesellschaft bringt eine Dominanz des Genitalen mit sich – aber ganz ohne Kontext. In den Achtzigern gab es, glaube ich, noch einen Kontext – den der Befreiung. Aber heute?« Seine eigene Jugend ist lange her, die »heutige« kann er nur schwer lesen.

Sein verstorbener Lebensgefährte ist in Tirol beerdigt, weit oben in einem Dorf in den Bergen. Er wollte eigentlich eine Trauerweide auf seinem Grab haben, aber die kann in solchen Höhen nicht gedeihen. »Stattdessen habe ich damals eine Pappel gepflanzt. Das möchte ich demnächst machen: Dorthin fahren zu seinem Grab und die Pappel anschauen. Sie muss inzwischen riesengroß sein.«

Das medizinische Versorgungszentrum: Hans Wesselmann

Der Arbeitstag von Hans Wesselmann beginnt um 7.30 Uhr und endet heute, wie jeden Donnerstag, erst zwölf Stunden später. Die meiste Zeit sitzt er am Computer, um nach dem Besuch der Patienten Vorgänge zu verschriftlichen, Dokumentationen für die Krankenkassen zu erstellen: Die Aids-Katastrophe ist zum Verwaltungsakt geworden, zum »HIV-Komplex«.

Ein Abrechnungsmodus für chronisch Kranke, das bedeutet Extrageld, den doppelten Satz, dreißig Euro mehr pro Patient und Quartal kann der Arzt abrechnen. Der Patient darf mehr Zeit in Anspruch nehmen, etwa eine halbe Stunde, und muss bei Rezepten weniger zuzahlen, ein statt zwei Prozent seines Jahreseinkommens. Bei HIV-Patienten kann das viel Geld sein, eine Therapie ist teuer. »1100 bis 1800 Euro im Monat kosten alleine die Pillen. Dazu die regelmäßigen Blutuntersuchungen – Leber- und Nierenwerte, Helferzellen, Viruslast, sexuell übertragbare Krankheiten: Syphilis, Chlamydien.« Bei so viel Geld wollen die Krankenkassen es ganz genau wissen, daher die aufwendige Dokumentation. Sie wollen auch wissen, ob sich der Aufwand lohnt – ob die Patienten wirklich mitmachen, »Compliance« zeigen, oder ob sie die teuren Medikamente auf dem Schwarzmarkt verkaufen oder Deals mit Apothekern machen. Denn auch das gibt es: HIV-Betroffene, die ihre Rezepte lieber in bare Münze umwandeln, bis ihr Körper ihnen sagt, dass sie die Pillen nun doch wieder für eine Weile nehmen sollten. Schwarze Schafe.

Das »Medizinische Versorgungszentrum« (MVZ) mit dem Schwerpunkt HIV liegt auf dem Gelände des Berliner Virchow-Klinikums im Stadtteil Wedding. Das große, baumbestandene Areal mit einer Mischung aus Jahrhundertwendebauten und Betonensembles aus den achtziger Jahren gehört heute zur Charité, dem Klinikum der Humboldt-Universität. Früher war der Flachbau, der sich zum Westhafen hin im Grünen erstreckt, eine infektiologische Tagesklinik und Ambulanz. 2007 ist die Einheit in ein MVZ umgewandelt worden, die Ambulanz wurde zur Praxis. Wesselmann ist kein direkter Angestellter der Charité mehr, sondern so gut wie selbständig, die Räume und das Personal hat er zum Teil von der Charité geleast. Das Ganze gleicht nun einer »Schwerpunktpraxis« – so nennt man Artzpraxen, die sich auf die Behandlung von HIV-Patienten spezialisiert haben. Hier kommen alle hin: Spitzenmanager, Fixer, prominente Künstler, Huren, heterosexuelle MigrantInnnen, Homosexuelle. Letztere machen etwa fünfzig Prozent der Klientel aus. Andere Schwerpunktpraxen werden fast ausschließlich von schwulen Positiven aufgesucht. Zugleich jedoch erinnert das MVZ an ein ganz normales Krankenhaus. Auch Patienten mit anderen Infektionskrankheiten werden hier behandelt, darunter Lungenkranke.

Wesselmanns Arztzimmer ist vergleichsweise klein, das Mousepad auf seinem Schreibtisch sieht aus wie ein Orientteppich. Ein rarer Farbtupfer, so wie der blaue Kittel, den er trägt.

Viele seiner Patienten sieht er nicht besonders oft, wenn es keine Komplikationen gibt, vielleicht nur drei-, viermal im Jahr. Sie kommen zur Blutabnahme, man unterhält sich, dann stellt er ihnen ihr Dreimonatsrezept aus, und sie gehen wieder. Ein fast banaler Vorgang. Fast: »Ich habe Patienten aus Brandenburg, die bringen ihre leeren Pillendosen mit nach Berlin, damit die Nachbarn sie nicht im Müll finden. Die würden auch nie zu einer Apotheke bei sich zu Hause gehen. Das Risiko, dass einer quatscht, ist ihnen zu hoch.«

In das halbwegs anonyme MVZ kommen Patienten aus fast dem gesamten Gebiet der ehemaligen DDR, einige Patienten nehmen stundenlange Wege in Kauf, um ihre Anonymität zu wahren. Manche verbinden das Unangenehme mit dem Angenehmen und legen ihre Termine auf einen Freitag, um noch das Wochenende in Berlin nutzen zu können. Sie gehen aus, in die Szene, tanzen, haben Sex. Anderen fällt es schwer, die Zuzahlung für die Apotheke aufzubringen; auch beim Krankenhaustagegeld in Höhe von zehn Euro wird es für einige knapp. »Ich habe eine siebzigjährige Patientin, die reist mit zehn verschiedenen Regional-Express-Zügen an, weil die Fernzüge zu teuer sind. Ein anderer, ein Asylbewerber, kommt aus dem Harz hierher – niemand seiner Mitbewohner darf erfahren, dass er betroffen ist.«

Manche seiner Patienten betreut Wesselmann schon seit zehn Jahren, ohne dass je etwas Auffälliges eingetreten wäre. Patienten mit »hoher Compliance«, die pünktlich ihre Medikamente einnehmen und ein geregeltes Leben führen; oft sind das schwule Männer. »Die sind in der Regel gut unterrichtet über HIV und haben eher ein Bewusstsein für die ganze Problematik. Unter denen, die sich neu infizieren, nimmt der Anteil der Heterosexuellen zu«, erklärt Wesselmann, selbst heterosexuell. »Von den jährlich rund 3000 Neuinfektionen, die wir in Deutschland verzeichnen, sind etwa ein Drittel im Aids-Stadium. Das ist enorm.«

Das Aids-Stadium, das Vollbild, es existiert noch immer, auch in der Bundesrepublik: »Gerade heute war ein Kameruner hier mit zerebraler Toxoplasmose – aber es sind auch viele über Sechzigjährige dabei, die sich vor Jahren angesteckt haben. Männer, die im Thailand-Urlaub waren, oder Frauen, die sich beim Trommel-Workshop in Kenia angesteckt haben … Die Leute merken zunächst nichts, weil sie denken, dass sie mit HIV nichts zu tun haben. Und den Hausärzten geht es genauso.«

Wesselmanns medizinisches Versorgungszentrum ist ein sicherer Hafen. Perfekt getarnt durch ein riesiges Krankenhausumfeld. Nicht wenige Menschen können nur hier über ihre Infektion sprechen. MigrantInnen stehen in dieser Hinsicht häufig unter besonderer Anspannung, zumal wenn sie aus der Subsahara stammen. »Es kommt vor, dass Patienten anrufen, bevor sie erscheinen, um zu erfragen, ob ein anderer Afrikaner im Wartezimmer sitzt.« Die soziale Kontrolle in den jeweiligen Communities ist groß, und in den Herkunftsländern will man häufig von HIV und Aids nichts wissen, die Krankheit existiert schlicht nicht – der Gebrauch eines Kondoms würde einer Anerkennung der Tatsachen entsprechen und findet daher häufig gar nicht erst statt.

Das Schweigen, die Lüge, das Geheimnis – all das ist ein Nährboden für HIV. Ein Problem auch für die Aids-Hilfen, die manche Menschen deshalb nicht erreichen können. Hans Wesselmann gerät manchmal in schwerste Gewissenskonflikte, des Schweigens wegen: »Einer meiner Patienten ist positiv und hochansteckend, weil er noch keine Medikamente nehmen will. Er ist verheiratet, und niemand in seiner Familie weiß etwas von seiner Infektion. Er behauptet, lediglich zu onanieren. Aber was, wenn das nicht stimmt? Und was ist mehr wert – die ärztliche Schweigepflicht oder die Gesundheit seiner Angehörigen, seiner Frau?« Umgekehrt kann das Sprechen, die Wahrheit schreckliche Folgen haben: »Eine Patientin aus Kamerun hat ihrem Lover anvertraut, dass sie positiv ist; beide arbeiteten in einem Restaurant. Und was passiert? Der Mann erzählt es allen Kollegen, geht sogar zum Restaurantleiter, und der schmeißt die Frau tatsächlich raus.«

Das Schweigen. Es gibt das Riesentabu bei migrantischen Familien – ein Paar ist hier in Behandlung, bei dem er sie angesteckt hat, und niemand darf es wissen. Und es gibt das Riesentabu in Brandenburg, wo der Sohn mit dreißig noch immer bei den Eltern lebt, die weder wissen, dass er schwul ist, noch, dass er positiv ist. Dabei müsste er nur seine Koffer packen und an den Nollendorfplatz in Berlin ziehen. Doch vom Berliner Zentrum aus sind es nur ein paar Kilometer bis Eberswalde, umgekehrt sind es Lichtjahre.

Seit 2003 arbeitet Wesselmann mit HIV-Patienten, manchmal muss er den Kopf schütteln über die »abstrusen Doppelleben von Brieselang«, ein Sinnbild für brandenburgische Provinz, und manchmal ist er einfach nur erstaunt: »Drüben, in der Kindertagesklinik, gibt es einmal im Jahr ein Fest – dort sind auch Kinder in Behandlung, die positiv sind. Zum Fest kommen auch die Eltern der Kinder. Informell wissen sie zwar, welche der anderen Eltern und auch welche Kinder ebenfalls positiv sind. Aber darüber sprechen sie nicht miteinander.«

Nur in Hans Wesselmanns Arztzimmer wird gesprochen, fast schon gebeichtet. Er wertet nicht, verurteilt nicht, erteilt auch keine Absolution. Er verschreibt Medikamente. »Viele HIV-Patienten haben eine hohe Anfälligkeit für Depressionen. Und für sexuell übertragbare Krankheiten.« Manche Patienten, schwule Männer aus der Mittelklasse, besuchen ab und an Sexpartys, konsumieren dazu Drogen – und vergessen darüber alles, auch die Benutzung von Kondomen. »Und dann gibt es die biedersten Leute, die genau einmal im Jahr nach Nordafrika fahren, um reihenweise junge Männer durchzuknallen oder umgekehrt, weil sie es eben brauchen. Die holen sich dann dort ihre Hep C ab.«

Hepatitis C sorgte lange Zeit, wie HIV, für Angst und Schrecken, da es kein Heilmittel dagegen gab. Das hat sich seit kurzer Zeit geändert, auch wenn die Behandlung mit hohen Kosten – rund 40 000 Euro pro Patient – verbunden ist. »Wir hatten hier eine Art Hepatitis-Subcommunity, Patienten, die auf die neue Generation der Medikamente gewartet haben. Das waren ungefähr fünfzig. Und neunundvierzig von ihnen haben wir heilen können.« Ein Riesenerfolg – und teuer für das Gesundheitssystem. In Frankreich bekommen daher nur mehr Patienten, bei denen man von einer lebensbedrohlichen Situation ausgehen muss, die Medikamente, »der junge Schwule, der sich vor zwei Jahren infiziert hat, nicht«. Ein Sparen am falschen Ende, findet Wesselmann, denn nur mithilfe der Medikation lässt sich die Ausbreitung effektiv verhindern.

Ein Virus kennt keine Moral, dieser Titel eines Films von Rosa von Praunheim, der sich eigentlich auf HIV bezieht, ist auch auf

Hepatitis übertragbar. »Ein winziges Tröpfchen Blut reicht aus, um sich zu infizieren. In Ägypten müssen Sie nur zum Friseur gehen und sich rasieren lassen. Hepatitis C ist dreihundertmal leichter übertragbar, anders als bei HIV ist sogar getrocknetes Blut noch infektiös – in Deutschland gibt es wahrscheinlich 200 000 verborgene Hep-C-Träger.« Wenn man eine Behandlung mit ungefähr 32 000 bis 35 000 Euro ansetzt, würde es also sieben Milliarden kosten, all diese Menschen zu heilen.

»Sovaldi« heißt die Wunderpille, hergestellt vom 1987 gegründeten Pharmariesen Gilead, der jahrelang auch Truvada exklusiv vertrieb, bevor schließlich im Jahr 2016 das Patent auslief. Auch Tamiflu ist Teil des Sortiments, das Medikament gegen die sogenannte Vogelgrippe, das im Jahr 2005 die Aktienkurse hochschießen ließ. Das in Kalifornien ansässige, nach dem biblischen Ort Gilead benannte Unternehmen verzeichnete 2015 einen Umsatz von über zwanzig Milliarden Dollar (2017 waren es bereits dreißig Milliarden Dollar.). Zwei Jahre zuvor waren es noch rund zehn Milliarden Dollar gewesen. Die Gewinnzunahme des Unternehmens, in dessen Aufsichtsrat bis zu seinem Amtsantritt als Verteidigungsminister auch Donald Rumsfeld saß, ist selbst für eine moderne Pharma- und Biotechfirma ungewöhnlich. »Sovaldi« bescherte dem Unternehmen einen Geldregen, auch wenn dieser nicht ewig währen wird. Ende 2017 sorgten sich Analysten bereits um den Einbruch des Hepatitis-C-Geschäfts – anders als bei den HIV-Medikamenten bewirkt »Sovaldis« eine Heilung, muss also nur für eine begrenzte Zeit eingenommen werden.

Zum Alltag in Wesselmanns Praxis gehört auch die Behandlung von Vergewaltigungsopfern, »sowohl von Frauen als auch von Männern«. Gerade erst war ein junger Brasilianer da, ein Student, der von zwei Männern vergewaltigt wurde. Fünfzehn bis zwanzig solcher PatientInnen kommen pro Quartal, weil sie eine sogenannte »PeP« in Anspruch nehmen wollen, eine Post-Expositions-Prophylaxe, erstmals einzunehmen möglichst innerhalb von vierundzwanzig Stunden nach dem »Risikokontakt« und dann vier Wochen lang.

Das individuelle Drama wird für Wesselmann meist zum Papierkrieg. Nur wenn die Tat bei der Polizei angezeigt wurde, übernimmt die Krankenkasse die Behandlungskosten; oft müssen Krankenkassen aus dem Ausland konsultiert und überzeugt werden. »In der Notaufnahme bekommen die Betroffenen ein Päckchen mit der Erstmedikation, danach müssen sie zu mir.« Es herrscht Dringlichkeit – und zugleich wird es ein bürokratischer Kraftakt: »Prüfungsausschüsse, Qualitätsmanagement – da wird man aus heiterem Himmel überfallen … Es ist ja richtig, früher war das Gesundheitssystem für viele eine Art Selbstbedienungsladen, dann hat man die Kontrollen verschärft. In der Praxis kann einem das den Job ziemlich verleiden.«

Die Behördenfront gehört für Hans Wesselmann zum Alltag. Früher haben sich viele Patienten berenten lassen und brauchten ein entsprechendes Gutachten. Noch immer beantragen Betroffene einen Schwerbehindertenausweis – wird der Antrag bewilligt, bekommen sie zum Beispiel fünf Tage mehr Urlaub. Für Unternehmen kann es interessant sein, Positive einzustellen, können sie doch so, zum Teil ohne große Einschränkung der Einsatzfähigkeit, die gesetzliche Beschäftigungspflicht für Schwerbehinderte erfüllen. Allerdings reicht eine HIV-Infektion allein für eine Schwerbehinderung nicht aus. Es müssen neben herabgesetzten Immunwerten weitere Beeinträchtigungen hinzukommen wie infektionsbedingte Schwäche oder opportunistische Krankheiten, die sich längerfristig auf das Gehen, Stehen oder etwa die Konzentrationsfähigkeit auswirken. Eine HIV-Erkrankung kann ein bedingter Grund für die Gewährung von Asyl sein, und für Hartz-IV-Empfänger geht es auch um die Erstattung von Kosten. Mehrbedarf für Essen und Trinken, Kondomgeld, das alles ist bis ins Detail geregelt – und manchmal ist Hans Wesselmann genervt von dieser Praxis, immerhin sind rund dreißig bis vierzig Prozent seiner PatientInnen Hartz-IV-Empfänger.

»Es ist ja gut, wenn es so etwas wie Hygienegeld gibt und Menschen in Notsituationen versorgt werden. Aber manchmal wäre es gut, wenn die Leute auf dem Teppich blieben, statt wegen ein paar Euro zum Sozialgericht zu ziehen. Einige werden auch falsch beraten von den Aids-Hilfen, meiner Meinung nach.« Doch die Ämter hätten mittlerweile dazugelernt. Hieß es bei HIV früher sinngemäß: »Um Gottes willen, nehmen Sie, was Sie wollen, aber gehen Sie«, um den Antragsteller möglichst schnell loszuwerden, differenziert man heute bei den Behörden stärker. Das Lageso etwa, das seit der Flüchtlingskrise berüchtigte Berliner Landesamt für Gesundheit und Soziales, ist einerseits für die Ausstellung von Schwerbehindertenausweisen zuständig und soll andererseits HIV-positiven Menschen attestieren, dass sie bedenkenlos verbeamtet werden können. Die Einschränkungen, die heute mit HIV verbunden sind, sind höchst unterschiedlich.

Nicht alle Patienten entstammen einem bundesdeutschen Mittelschichtsmilieu. Einige männliche Patienten aus der Subsahara zum Beispiel nehmen ihre Tabletten nur, wenn sie tatsächlich gesundheitliche Probleme haben. Die Bedeutung einer Prophylaxe oder eines dauerhaften chemischen Regimes erschließt sich ihnen mitunter nur schwer. Ein Problem, denn Therapiepausen müssen geregelt sein, damit keine Resistenzen entstehen. So macht eine ghanaische Patientin immer eine gezielte, mit Wesselmann abgesprochene Tablettenpause, wenn sie nach Hause zu ihrer Familie fliegt. Das Risiko, dass die Tabletten dort entdeckt werden könnten, ist einfach zu hoch. Neulich war auch ein schwules Paar in der Praxis, das beruflich für eine Weile nach Katar wollte. Um nicht als homosexuelle Positive identifizierbar zu sein, entschieden sie sich für eine Tablettenpause – ein kluge Entscheidung angesichts eines anderen Beispiels aus den Emiraten: Ein Mitarbeiter einer Botschaft hatte dort einen HIV-Test gemacht, mit positivem Ergebnis. Er wurde innerhalb von vierundzwanzig Stunden ausgewiesen.

Nicht immer sind die Schicksale so spektakulär. Bei einigen von Hans Wesselmanns Patienten hat sich das Drama im Laufe der Jahre ergeben, kumulativ: »Etwa fünf Prozent stammen noch aus der Zeit von vor 1990. Viele, die schon sehr lange positiv sind, sind regelrecht gezeichnet. Aschfahle Haut, sie sind ausgezehrt. Und dann die Fettverteilungsstörungen.« Das sogenannte Lipodystrophie-Syndrom, verursacht zum Beispiel durch das Medikament »Crixivan«, einen Bestandteil des antiretroviralen Erstregimes aus den neunziger Jahren, bereitet bis heute vielen Betroffenen Probleme. »Umgangssprachlich sagt man ›Kastanienmännchen‹ dazu, ein kugelrunder Bauch und im Kontrast dazu dünne Arme und Beine. In der Schwulenszene mit ihrem Körperkult ist das ein Riesenproblem. Hinzu kommt das Alter – ungefähr ab Mitte vierzig fängt die Sexualität an, in den Hintergrund zu treten, die One-Night-Stands werden seltener, die Ur-Sehnsucht nach Geborgenheit kommt stärker zum Tragen. Dann stehen die Langzeitbetroffenen oft vor einem großen Problem, weil sie keinen Partner finden.« Nicht wenige von Wesselmanns Patienten aus dieser Altersgruppe sind Eigenbrötler geworden. Sie haben höchstens einen Hund.

»Ein Outing am Arbeitsplatz, ich würde es niemandem raten. Auch nicht im medizinischen Bereich«, sagt Wesselmann, »es kommt immer wieder zu Fällen von Mobbing, es gibt Leute, die nutzen diese Schwäche aus. Und man kann nie wissen: Hält der Betriebsarzt wirklich dicht? Quatscht eine Kollegin oder ein Kollege?« In den Familien geht es meistens gut, »und wenn Onkel Wilhelm damit nicht klarkommt, ist das sein Problem. Ich hatte es hier sogar schon mit Eltern zu tun, die sich ihren Kindern gegenüber geoutet haben, nach vielen Jahren. Und die Reaktion war meistens positiv. Eine Tochter war ganz erleichtert, weil sie dachte, sie sei schuld gewesen an den Spannungen zwischen den

Eltern in ihrer Kindheit. Dabei war es das Drama rund um die Infektion.« Er könnte Drehbücher schreiben. Eines ginge so: Ein Mann, tödlich an Krebs erkrankt, hat vor Jahren seine Ehefrau mit HIV angesteckt. Am Totenbett offenbaren sich die beiden ihrer gemeinsamen Tochter, und alle sind in diesem Moment in Liebe vereint.

Andere Geschichten aus dem MVZ enden weniger versöhnlich. Die Kindergärtnerin, die sich jemandem aus ihrem Umfeld anvertraut hatte – plötzlich wussten es alle Eltern, deren Kinder sie betreute, und forderten ihre sofortige Entlassung. Der katholische Priester, den sein eigener Bruder bei der Gemeinde denunzierte und der diese sogar verlassen musste. »Die Stille Post darf man nicht unterschätzen, auch und gerade nicht, wenn man sich seinem Arzt anvertraut – man muss sich also fragen: Habe ich Vertrauen zu meinem Arzt oder bekomme ich dort einen dicken Stempel auf meine Akte?«

Draußen, auf dem Flur vor Hans Wesselmanns Arztzimmer, sieht es aus wie überall in einem Krankenhaus. Hier bewegen sich auch Menschen mit anderen Problemen. Ein Mann, bei dem Verdacht auf Krebs besteht, wartet auf eine Bronchoskopie, eine Untersuchung der Lunge. Ein anderer Patient steht vor dem Flachbau und raucht unerlaubterweise eine Zigarette. Er trägt einen multiresistenten Keim in sich, der nach und nach seinen Kiefer zerstört. HIV ist hier nur eines von vielen Problemen. Aber hier kann man wenigstens darüber sprechen.

Was Neues aus Dresden: Frank Buchholz

»Bitte keine weißen Arbeitskittel im Kantinenbereich«, steht auf einem Schild in der Mensa der Technischen Universität Dresden. Wohl nicht ohne Grund, denn in diesem Gebäude am Tatzberg ist das Biotechnology Center der TU Dresden beheimatet. Das Essen ist gut und deftig, den Innenhof des Instituts auf der grünen Wiese, oberhalb des Stadtzentrums und der Elbe gelegen, durchqueren ForscherInnen mit Büchern unterm Arm oder Laptops in der Schultertasche. Ein älterer Weißkittel mit Brille läuft voran, drei Jüngere folgen, wie eine Ente mit ihren Jungen, doch es ist ein Professor mit seinen ElevInnen.

Frank Buchholz hält nicht viel von Hierarchien. »Bei uns sind überall die Türen offen, wir nennen uns beim Vornamen. Vielleicht ist das bei den Medizinern anders.« Er ist Biologe, genauer gesagt Molekularbiologe und Professor für Medizinische Systembiologie. Und hier, in dieser eher unspektakulären Wissensfabrik, hat er die Heilung von Aids möglich gemacht. »Also nee!«, sagt der groß gewachsene, schlanke Mann, der eher hemdsärmelig als professoral wirkt, »ich bin da realistisch. Wir haben einen wissenschaftlichen Durchbruch erzielt, aber von Heilung kann noch keine Rede sein.« Er weiß, dass man vorsichtig sein muss und nicht zu viele Hoffnungen schüren darf. »Es geht auch darum, die Prävention aufrechtzuerhalten.« Buchholz selbst, Jahrgang 1966, gehört der »Generation Aids« an, für die der Gebrauch von Kondomen aufgrund von HIV selbstverständlich zur sexuellen Biografie gehörte.

Ein kleiner medialer Hype war es schon, als im Jahr 2016, nach »Flüchtlingskrise« und »Pegida«, endlich mal wieder eine gute Nachricht aus Dresden kam: »Forscher schneiden erstmals Aids-Virus aus Zellen heraus.« Zumindest bei Mäusen und bei Zellhaufen hat das bislang funktioniert, und es war nicht nur Frank

Buchholz aus Dresden, sondern auch Joachim Hauber vom Heinrich-Pette-Institut in Hamburg – und selbstverständlich ihren Teams –, denen dieser Erfolg zu verdanken ist. Mithilfe einer sogenannten molekularen Schere ist es ihnen gelungen, die virale RNA aus dem Erbgut befallener Zellen zu entfernen – eine Sensation, denn bislang ist der Prozess, mit dem das Virus seinen Bauplan in die Zellen »einschreibt«, irreversibel; die Infektion kann nicht rückgängig gemacht werden, man kann das Virus lediglich daran hindern, sich weiter zu vermehren.

Gentherapien werden bereits erfolgreich eingesetzt, etwa im Kampf gegen Leukämie. Und seit einiger Zeit sorgt CRISPR/Cas für Aufsehen. Doch die Forscherteams um Buchholz und Hauber gehen einen anderen Weg. Sie fanden eine Methode, mit der DNA nicht nur geschnitten, sondern auch wieder geklebt werden kann. Das gelang mit einer evolutionären und daher zeitaufwendigen Methode: Ein sogenanntes Rekombinase-Enzym, das in der Lage ist, die DNA-Stränge zu manipulieren, wurde regelrecht auf das HI-Virus abgerichtet. Einen ersten Erfolg hatte das Team bereits 2007 erzielt, doch seinerzeit war die Rekombinase nur gegen ein Prozent aller HI-Subtypen wirksam. Seit 2016 ist nun eine zweite, neu entwickelte Schere einsatzbereit, die auf neunzig Prozent der Virentypen anspricht.

Bis zu diesem Durchbruch war es ein langer Weg. Schon während des Studiums in Göttingen hatte Frank Buchholz sich mit dem Klonen von Rattengenen beschäftigt, ungefähr zur Zeit seiner Promotion über Rekombinase-Enzyme in Heidelberg erblickte das Klonschaf Dolly das Licht der Welt und erschütterte damit die angeblich göttliche Weltordnung. Seine erste Publikation zum Thema »gerichtete Evolution« stammt aus dem Jahr 2001. »Ja, man braucht einen langen Atem«, sagt Frank Buchholz lachend. Er sieht auch so aus, als ob er jederzeit bei einem Marathonlauf mitmachen könnte.

Im Laufe seiner Karriere hat es den gebürtigen Bremer immer

wieder zu Forschungszwecken in die USA gezogen, nach San Diego und San Francisco, »eine der schönsten Städte«. Und eine HIV-Hochburg, doch Buchholz hat sich dort mehr mit Leukämie beschäftigt. Vor dem Beginn der aktuellen Forschungsreihe hatte er mit Aids-Patienten oder Positiven so gut wie nichts zu tun. Sollte Buchholz langfristig Erfolg haben, stehen die Chancen gut, dass der Krankheit irgendwann der Garaus gemacht werden kann – zumindest in den westlichen Industrieländern, die über eine entsprechende medizinische Versorgung verfügen. Doch bis es so weit ist, muss er erst einmal genug Geld auftreiben, um überhaupt weiterforschen zu können. Nachdem nun die zweite Schere funktioniert, muss sie am Menschen ausprobiert werden. »Wir machen hier ja Creative Design«, sagt Buchholz lächelnd und weist damit auf den ethisch-religiös motivierten Hintergrund der Kritik an der Gentechnik hin: Evangelikale Leugner der Evolutionstheorie bezeichnen Gott als »Creative Designer« der Welt.

Mit der zuständigen Aufsichtsbehörde, dem Paul-Ehrlich-Institut, steht man schon in gutem Kontakt, die Aussichten für eine Zulassung der Versuche an Menschen sind nicht schlecht. Konkret kämen Probanden infrage, die einerseits das HI-Virus in sich tragen und andererseits an einem Lymphom erkrankt sind und sich daher ohnehin einer Stammzellentherapie unterziehen müssten; die Behandlungsmethode ist dieselbe. »Eine solche Studie kann man regulären HIV-Positiven nicht zumuten – es gibt ja gute Medikamente, ein normales Leben ist möglich. Denn die neue Behandlung ist natürlich mit Risiken verbunden: Was, wenn die Schere doch woanders schneidet?« Etwa einhundert HIV-Positive jedes Jahr erkranken an einem Lymphom – wie viele werden bereit sein, bei einer solchen Studie mitzumachen? Und dann das Geld. Müssten die Pharmakonzerne – Gilead, GlaxoSmithKline und wie sie alle heißen – nicht Schlange stehen? »Nein«, sagt Buchholz, »die sind eher zurückhaltend, wenn es um Grundlagenforschung geht. Die kaufen lieber, wenn es fertig ist.« Trotzdem ist er optimistisch, »wir haben private Investoren, die interessiert sind«. Staatliche Gelder zu bekommen sei schwierig.

Und die Konkurrenz schläft nicht, weltweit. Kurz nachdem Buchholz und seine Kollegen ihre Ergebnisse vorgestellt hatten, präsentierten Forscher der Lewis Katz School of Medicine, die zur Temple University in Philadelphia gehört, eine Gen-Schere, die ebenfalls geeignet ist, HIV aus menschlichen Immunzellen herauszuschneiden. Die Amerikaner nutzen dazu die besagte CRISPR/Cas-Methode und sind optimistisch, nun die Nase vorn zu haben. Für Frank Buchholz ist dieser Wettbewerb jedoch keineswegs entschieden: »Die CRISPR/Cas-Technologie ist ja erst seit 2012 bekannt, während Rekombinasen schon seit den neunziger Jahren in Modellorganismen sicher und effizient zum Einsatz kommen. Unsere Arbeiten sind weiterhin viel tiefreichender als die Experimente, die bis jetzt mit CRISPR/Cas durchgeführt worden sind. So haben wir zum Beispiel HIV-Patientenzellen in einem Mausmodell heilen können und eine Maus generiert, die bei ständiger Produktion der Rekombinase über die gesamte Lebenszeit hin keine Nebenwirkungen zeigte. Solche Daten liegen für CRISPR/Cas bislang nicht vor.« Außerdem löse diese Methode Doppelstrangbrüche in der DNA der Zelle aus, die dann von zelleigenen Reparaturmechanismen behoben werden müssen – ein Prozess, der nicht steuerbar ist und daher womöglich unvorhersehbare genetische Veränderungen nach sich zieht. In der Zeitschrift *Nature* wurde jüngst auch davor gewarnt, dass CRISPR/Cas zur Bildung resistenter HI-Viren führen könne.

Im Oktober 2016 erreichte die nächste frohe Botschaft die Weltöffentlichkeit, diesmal aus Großbritannien: Die *Sunday Times* meldete, britische Forscher stünden kurz vor einem Durchbruch. Zurzeit werde an einem Patienten eine neue Therapie ausprobiert, die in der Lage sein soll, HI-Viren komplett aus dem Körper zu entfernen. Ein zu diesem Zeitpunkt Vierundvierzigjähriger sei der Erste von fünfzig Patienten, an denen die neue Therapie ausprobiert werden solle – bei diesem Ansatz sollen die Viren im Körper gezielt aufgespürt und dann zerstört werden, inklusive der sogenannten schlafenden Zellen. Dem Bericht zufolge sei das Virus nach ersten Tests nicht mehr im Blut des Probanden zu finden gewesen, aber man müsse noch abwarten, um wirklich sicher sein zu können. In derselben Ausgabe warnt Professorin Sarah Fidler vom Imperial College in London »vor voreiligen Erfolgsmeldungen« und ist doch optimistisch: »Im Labor hat es funktioniert, und es gibt gute Hinweise, dass es auch beim Menschen funktionieren wird. Dennoch ist zu betonen, dass wir immer noch weit weg von einer tatsächlichen Therapie sind.« Tests seien nötig, und die nähmen mindestens weitere fünf Jahre in Anspruch.

Nur einen Monat später berichtet der israelische Fernsehsender *Channel 2*, dass am Kaplan Medical Center in Rehovot ein Medikament getestet wird, das einen Durchbruch in der Behandlung von HIV/Aids markieren könnte. Das Mittel sei den Blutproben von zehn HIV-positiven Männern, die dort behandelt werden, beigemengt worden und habe in allen Proben die Anzahl der HIV-Viren um bis zu 97 Prozent gesenkt. Die Substanz, die das Mittel so wirksam macht, ist ein Peptid, ein kleineres Eiweiß, das HI-Viren dazu bringt, mehrere Stränge ihrer RNA in dieselbe befallene Zelle einzubauen, so dass sich diese selbst – und damit auch das Virus, das sie in sich trägt – zerstört, ohne dass benachbarte Zellen davon betroffen sind. Das neue Peptid ist eine Entwicklung der Wissenschaftler Abraham Loyter und Assaf Friedler von der Hebrew University in Jerusalem. »Bei unserem Ansatz«, erklärt Loyter, »werden die befallenen Zellen komplett entfernt. Es gibt also keine Zellen, in denen Virendepots zurückbleiben, die eines Tages wieder ›erwachen‹ könnten. Durch unser Medikament werden bestimmte Vermehrungsprozesse beschleunigt, was die Zellen dazu bringt, sich selbst zu zerstören.«

So viele gute Nachrichten – und doch bleiben die Reaktionen in der von HIV betroffenen Community verhalten, auch in den schwullesbischen Medien jagt keineswegs eine Titelgeschichte die andere. Überzogene Hoffnungen möchte sich keiner machen – zu Recht: Die guten Nachrichten, die die Wissenschaftler verbreiten, sind auch Teil einer PR-Strategie in eigener Sache. Es geht darum, Gelder zu akquirieren. Zehn bis zwölf Millionen Euro etwa braucht das Team Buchholz/Hauber für die »Phase 1«-Studie ihrer Gen-Schere – Ende 2016 hatten sie das Geld noch nicht zusammen.

AiDS
geht alle an
Kondome schützen
Damals wie heute

Safer-Sex-Aktion, Berlin 1989.